JN105798

新版

どうなってるんだろう？
子どもの法律
～ 一人で悩まないで！～

編著

山下　敏雅
渡辺　雅之

高文研

イラスト：葛西　映子

新版の刊行にあたって

　2013（平成25）年、弁護士となって10年目に始めた子ども向けの法律ブログは、早くも9年が経ちました。

　ブログをもとに、2017（平成29）年4月にこの本の初版が出版され、幸いにも全国のたくさんの人に読んでもらうことができ、この間、版をずっと重ねてきました。さらに2019（令和元）年6月には、「パート2」も出すことができました。

　子どもの人権が守られることの大切さが、こうして本という形で広がっていくことを、とても嬉しく思っています。

　さて、2022（令和4）年4月に法律が変わって、成人年齢、つまり大人になる歳が、20歳から18歳に引き下げられるという大きなできごとがありました。

　それにともなって、私のブログ記事も、たくさん修正が必要になりました。

　本も、「パート2」のほうは成人年齢の引き下げを反映した内容になっていましたが、こちらの本（パート1）は、内容が古いままでした。

　そこで今回、パート1の新版を作ることになりました。成人年齢の引き下げについての説明を加え、内容をたくさん修正し、そしてネット上で評判がよかった「山下さんは包茎ですか？」の記事を加えました。

　この新版も、これまでの本と同じように、一人でも多くの子どもとその回りの大人たちに届くようにと心から願っています。

山下　敏雅

はじめに ……… 山下 敏雅

　弁護士は、大人にとってもふだんあまり身近に感じることのない職業です。
　ましてや、10代のみなさんが弁護士に会って話をすることはもっとかぎられていると思います。

　私は、「大人になっても子どもの味方でいたい」と思い弁護士をめざしました。

　弁護士会の子どもの委員会のメンバーとして、
　子どものシェルターの担当弁護士として、
　児童相談所という子どもを守るお役所のメンバーとして、
　東京都豊島区の「子どもの権利擁護委員」として、
　いろんな子どもたちと出会います。

　非行をしてしまってつかまった子どもたちや、
　親から虐待を受けてきた子どもたち、
　親のいない子どもたちや、
　親が離婚した子どもたち、
　学校で友だちや先生との関係で苦しい思いをしている子どもたち、
　私は、そんないろんな子どもたちと一緒に考え、動いています。
　これから先も、どんな子どもたちと出会えるだろうかと、楽しみにしています。

　でも、私ひとりが出会える子どもの数は、かぎられています。
　もっと多くの子どもたちに、法律がどうなっているか、弁護士がどういうことをしているかを知ってもらいたいと思っています。

　そこで私は、2013（平成25）年4月から毎月1回、ブログを書くようになりました（http://ymlaw.txt-nifty.com/）。
　そのブログの記事をもとに、渡辺雅之さんと一緒に作ったのがこの本です。
　渡辺さんは、将来学校の先生になる大学生たちを指導している方です。

渡辺さんは、この本のなかみを一生懸命考えてくださり、法律が中心のこの本に教育の視点からの解説をつけてくれました。

　この本は、子どものみなさんの学校・家・職場でのこまりごとや、性や犯罪のことについて法律の話をまとめています。
　でも、私はみなさんに単に「法律がどうなっているか」だけを伝えたいのではありません。

　弁護士は「人権」を守るのが仕事です。

　人権は「人が生まれながらにして持っている権利」です。
　学校ではそう教えています。

　私なりに人権をもっとわかりやすく言うと、こういうことです。

　人は、どんな人でも、一人ひとりが大切な人間として扱われる、尊重されるんですよ、ということ。
　誰かの「物」として扱われるのではない。
　誰かの「人形」として扱われるのではない。
　誰かの「奴隷」として扱われるのでもない。
　一人ひとりが、大切な存在・大切な人間として扱われる、尊重されるんですよ、ということ。

　それは、
　大人でも子どもでも、
　病気や障害を持っている人も持っていない人も、
　国籍が日本の人も外国の人も、
　お金を持っている人も持っていない人も、
　勉強ができる人も苦手な人も、
　そとの見た目がどんな人でも、

心の中の考え方や感じ方がどんな人でも、
男でも女でも性的マイノリティでも…
どんな人でも、一人ひとりが大切な存在・大切な人間として扱われる、尊重されるんですよ、ということ。

誰もが一人ぼっちではなく、「ここにいていいんだ」という居場所があること。
自分の人生を自分が決めていくことができるし、そのためにみんなと一緒に考えることができること。
そして、毎日の暮らしを安心して過ごすことができるし、幸せな人生を送ることができるんですよ、ということ。

上に書いたことぜんぶをひっくるめて、法律の世界では「人権」という言葉で表現します。
「子どものみなさん一人ひとりの人権が守られるんですよ」というメッセージが伝わるようにしていきたいと、私は思っています。
この本が、誰かに少しでも役に立ち、誰かの心を少しでも温かくできれば、これ以上の喜びはありません。

私の大事にしている憲法と弁護士法の条文、そして、「豊島区子どもの権利に関する条例」の前文を、ぜひみなさんにも読んでほしいと思います。

憲法 13 条　すべて国民は、個人として尊重される。生命、自由及び幸福追求に対する国民の権利については、公共の福祉に反しない限り、立法その他の国政の上で、最大の尊重を必要とする。

弁護士法 1 条 1 項　弁護士は、基本的人権を擁護し、社会正義を実現することを使命とする。
同条 2 項　弁護士は、前項の使命に基き、誠実にその職務を行い、社会秩序の維持及び法律制度の改善に努力しなければならない。

豊島区子どもの権利に関する条例　前文

子どものみなさん

　あなたの人生の主人公は、あなたです

　あなたのことは、あなたが選んで決めることができます

　失敗しても、やり直せます

　困ったことがあったら、助けを求めていいのです

　あなたは、ひとりではありません

　私たちおとなは、あなたの立場に立って、あなたの声に耳を傾けます

　あなたがあなたらしく生きていけるように、一緒に考えていきましょう

　あなたという人は、世界でただ一人しかいません

　大切な、大切な存在なのです

この宣言をもとに、豊島区は子どもの権利に関する条例を制定します。

　子どもは、自分の今の「思い」をわかってほしいと願っています。何かを要求するだけではなく、子どもなりにできることを考えて挑戦し、自分の役割を担おうとしています。それを手助けするためには、子どもの主体性を認めて、子どもがおとなとともに手を携えて社会に参画できる場をつくることが必要です。子どもに対する差別をなくし、誤った思い込みを改め、お互いの権利を意識しながら、子どもとおとなの新しい信頼関係をつくることが大切です。

　どんな子どももみな等しく生まれながらに持っているものが子どもの権利です。子どもの権利は、その年齢や発達に応じて保障されるものです。子どもの権利を実現していくためには、まず、おとな自身が権利というものに関心を持つことが必要です。そして子どもは、おとなや子ども同士のかかわりあいの中から、お互いの権利の尊重、責任などを学び、権利を実現していく力を培っていくのです。未来を託する子どもたちにとって、自分の選択で権利を行使することは、かけがえのないことなのです。

　おとなには、子どもを深い愛情のもとに健やかに育てる責任があります。そのために、おとなは、家庭、学校及び地域の中でお互いに手を携え、協力しながら、子どもの限りない力を信じて最善の努力をします。豊島区は、それらを実効あるものにするために、安全・安心に暮らせる環境を整備し、この条例に定める子どもの権利保障の理念をあらゆる施策に反映させていきます。

　まさにこの豊島区の目指す理念こそ、国が批准した児童の権利に関する条約（平成6年条約第2号）に通じる理念にほかならないのです。

成人年齢の引き下げについて ……… 山下　敏雅

　2022（令和4）年4月1日、大人になる歳（成人年齢）が、20歳から18歳に
下げられました。

　大人になる歳は、「民法」という法律が決めています。
　民法で大人として扱われるというのは、「法律的なことを自分一人でする」と
いう意味です。

　未成年のときには、法律的なことを自分一人でするのではなく、親に代わりに
やってもらったり、あらかじめ親のチェックを受けてOKをもらったりします。
　社会のしくみは複雑なので、子どもを親が守ることになっているのです。

　そうやって子どもを守る親の立場を、「親権者」と言います。
　親がいない時には、裁判所が「未成年後見人」をつけてくれることもあります。

　大人になれば、そういった親や未成年後見人からのサポートを受けることなく、
法律的なことを自分一人でします。

　スマホの契約は親のハンコなしで自分一人で好きにできるようになりますし、
　深夜のアルバイトも、親が認めてくれなくても、自分の判断でできるようにな
ります。
　どこかからお金を借りることも、親のOKなくできるようになりますし、
　貸したお金を返してもらう裁判も、親をかかわらせずに起こせるようになりま
す。

　自分のことを自分で決められるのは、とてもだいじです。
　特に、親から虐待を受けてきた子どもにとって、成人は、親権という強い力か
ら離れられる、だいじなことです。
　大人になる歳が18歳に下がるのは、20歳まで待たずに早く親権から離れら

れるということですから、とてもプラスです。

　でも、大人になる歳が下がるのは、良いことばかりではありません。

　複雑な社会のしくみの中で、悪質な業者などから被害を受けてしまう人が増えるのではないかと、私たち弁護士は心配しています。

　未成年のうちは、大きな買い物やお金の貸し借りなど、法律的なことでトラブルに巻き込まれてしまったとき、
「親がOKしていなかった」という理由で、買い物やお金の貸し借りをキャンセルして、初めからなかったことにできます。
「未成年取消し」という、子どもを守るための強力な武器です。

　でも、大人になると、その武器が使えなくなってしまいます。

　だから私たち大人は、子どもたちに、18歳で独り立ちをする前に法律のしくみをきちんと伝えておく必要があります。
　そしてみなさんも、18歳で大人になった後でも、法律的なことをしようとする時には、身近な家族や信頼できる人に相談してください。
　そして、少しでもトラブルになりかけたら、早めに弁護士に相談するようにしてください。

　民法という法律で、年齢についてもう一つ変わったことがあります。
　結婚ができる歳です。

　これまで民法は、結婚できる歳を「男は18歳以上、女は16歳以上」としていました。
　そして、20歳になっていない人が結婚するには、親のOKが必要でした。

　でも、男と女で結婚できる歳がちがうのは、男女を平等に扱わない、おかしな

ことでした。

　そこで今回、大人になる歳が 18 歳に変わるのに合わせて、結婚ができる歳が、男も女も平等に「18 歳以上」と変わりました。

　（今後は 18 歳で大人になりますから、18 歳・19 歳の人が結婚するのに、親のＯＫは必要ありません）

　逆に、民法で、年齢について変わらなかったことが一つあります。

　養子縁組で親になれる歳です。

　これまでの民法では、養子縁組をして親として子どもを育てられるのは、「成年に達した者」、つまり、20 歳以上の人でした。

　今後、大人になる歳が 18 歳になるのなら、養子縁組で親になれるのも 18 歳からとなりそうにも思えます。

　でも、今回大人になる歳が 18 歳に下がるのは、「自分のこと」を自分で決められる歳だから、というのが理由です。

　養子縁組をして親になり、他の人の子どもを育てていくのは、「自分のこと」以上に、とても大変です。

　だから、養子縁組で親になれる歳は、20 歳のままでこれからも変わりありません。

　民法の「大人になる歳」が変わるのに合わせて、他の法律でも、18 歳からできることが増えました。

　いままで 20 歳でなければ取れなかった資格で、18 歳から取れるようになるものが、たくさんあります。

　海外に行く時に必要なパスポートは、5 年間有効のものと 10 年間有効のものがありますが、いままで 10 年間有効のものは 20 歳以上でなければ作れなかったのが、18 歳以上でも作れるようになりました。

心の性別と体の性別のちがいで生きづらさを抱えているトランスジェンダー（性同一性障害／性別違和）の人が、法律上の性別を自分らしい性別に変えるための手続も、18歳以上からできます。

　外国国籍の人が日本国籍になる「帰化」の手続も、18歳以上からできます。

　他方、民法の「大人になる歳」が変わっても、他の法律ではこれまでどおり20歳以上でなければNGのものもあります。

　お酒やタバコは、いままでどおり20歳以上でなければダメです。

　競馬や競輪、オートレースやモーターボートの賭け事の投票券（馬券など）を買うのも、20歳以上でなければNGのままです。

　自分で自分のことが決められる大人の線引きが法律によってちがうのが、不思議に感じる人もいるかもしれませんね。

　でも、それぞれ法律ごとに「どうしてそのルールを作ったのか」という目的はちがいますから、こういうズレはありうることなのです。

　子どもが犯罪をしてしまった場合に、処罰ではなく、少年院などでの教育で立ち直らせる「少年法」も、18歳・19歳はこれまでどおり対象のままです。

　ただし、18歳・19歳を「特定少年」と呼んで、17歳以下の場合よりも大人に近い扱いがされる場面も増えました（たとえば、大人と同じ裁判を受けて刑務所に送られる事件の範囲が17歳以下よりも広くなったり、大人と同じ裁判が始まったあとは実名報道が認められることなど）。

　もともと、日本で大人になる歳を20歳にしたのは、今から140年以上も昔の、1876（明治9）年のことでした。

　それまでの日本では、15歳くらいで大人として扱われていました。

このときなぜ20歳にしたのか理由ははっきりとはわかりませんが、当時、他の国は21〜25歳くらいが大人になる歳だったので、それまでの15歳から20歳に引き上げたのだろうと考えられています。

　ところがその後、大人になる歳を18歳にする国がとても多くなり、日本の「20歳」が、他の国々と比べて高くなっていたのでした。

　憲法という、日本の国のおおもとのルールは、改正するのに国民投票が必要です。
　憲法はいままで一度も改正されたことはなく、そもそも国民投票のやり方自体が決められていませんでした。
　2007（平成19）年に憲法改正の国民投票のやり方の法律が作られ、国民投票をできる人は「18歳以上」と決められました。
　その時、「これからは、普通の選挙の投票ができる歳も、民法の大人になる歳も、18歳以上に変えていきましょう」という今後の方針も、法律に書き添えられたのです。
　そして、2016（平成28）年から、普通の選挙も18歳以上から投票できるようになり、続けて今回、2022（令和4）年から民法の大人になる歳が18歳になった、というわけです。

　私は、大人になる歳の法律の線引きを変えるのに、
　主人公となる10代の人たちの意見を十分に尊重した、というよりも、
　大人たちが自分たちで勝手に決めていったような印象を持っています。
　この本を読んでいる10代の皆さんは、どのように感じたでしょうか。

　そして私は、そうやって決まっていった「18歳成人」だからこそ、
　今後18歳で大人になる人たちにはぜひ、
　子どもの頃に感じていた、大人や社会に対する問題意識を、いつまでも忘れることなく、
　自分自身できちんと考え、次の世代の子どもたちのために行動できる、

そして、子どもたちの意見をきちんと尊重できる、
そんな素敵な大人、素敵な社会のメンバーになってほしいと思っています。

第1章

学校

1：いじめは犯罪？
どうして法律ではダメなのか

いじめがダメだってことはわかってるけど、法律ではどうなってるんですか。犯罪になるんですか？

いじめがどんな犯罪になるのか。

一応、参考までに書いておきます。

殴る、蹴る、たたく、モノを投げつけるなどの暴力をふるえば、暴行罪です。相手に当たっていなくても暴行罪は成り立ちます【1】。

暴力をふるった結果、ケガをすれば傷害罪です【2】。

暴力をふるっていなくても傷害罪になることはあります。相手が精神的にまいってしまうとわかっているのに、わざといやがらせをして病気になれば傷害罪です。

「あいつは〜〜だ、〜〜をした」などと、あること・ないことを言いふらしたり、ネット上に書いたりして、からかうのは名誉毀損罪です【3】。その内容が本当かどうかは関係ありません。

「バカ、デブ、ブス、きもい」などとバカにするのは侮辱罪です【4】。

「殺す、死ね」などと怖がらせるのは脅迫罪です【5】。

パシリなど、やりたくないことをむりやりさせるのは強要罪です【6】。

カツアゲやおごらせるなど、お金をむりやり出させるのは恐喝罪【7】、むりやり奪うのは強盗罪です【8】。

モノを盗むのは窃盗罪です【9】。

ノートや教科書にいたずら書きをしたり、上履きや体操服をぼろぼろにしたりするのは器物損壊罪です【10】。

モノを隠すのも器物損壊罪です。

　はだかにさせたり、性的にはずかしいことをさせるのは強制わいせつ罪です【11】。

　ふつうの社会でこれだけ犯罪となることが、「子どもだから」「学校だから」という理由で許されてよいはずがありません。
　だから、深刻ないじめなら警察が捜査することもあるでしょう。
　また、犯罪とはならなくても、損害賠償というお金を払わなければならなかったり、学校の中で処分されたりするという法律的なマイナスもあります。

　でも、私はいじめがどんな犯罪かということよりも、みなさんに伝えたいもっと大事なことがあります。

　「いじめられる側にも問題がある」という考えは、100%まちがいだ、ということ。
　そして、いじめは、相手を大切な存在として尊重せず、相手から安心した毎日の暮らしを奪い、時には人生・命そのものを奪ってしまうから、法律で許されないのだ、ということです。

　私は、いつもみなさんに、こう聞きます。
　「いじめは確かに悪いこと。だけど、いじめられる側にも問題がある」、そんなふうに思いますか、と。
　そうすると、ほとんどの人が、「いじめられる側にも問題がある」「問題があることが多い」と答えます。
　男子なのにナヨナヨしている、太っているなど、他の人とちがったところがある。また、場の空気を読まない、他の人に迷惑をかけているなど、そんなことが、いじめられる側の「問題」だと説明してくれます。

　でも、それは、まったくまちがった考え方です。

　自分自身をふり返ってみてください。

まわりの人とちがっているところや、足りないところが「まったくない」と言えますか。

　まわりにまったく迷惑をかけないで、生きてこられましたか。

　そんなことはないはずです。

　「いじめられる側にも問題がある」。

　その考えは、あなたの、他の人とちがっている部分、足りない部分、人に迷惑をかけていることなどの「理由」によって、「あなたに対するいじめがあってもしかたがない」ということにもなってしまうのです。

　「いじめられる側にも問題がある」というのは、結局、どんな人に対してもこじつけて言うことができてしまう、後づけのいいわけにすぎません。

　殴られれば体は痛いし、お金を取られれば損をします。

　でも、自分がまるで物や人形、奴隷のように扱われたり、

　シカトや「死ね」などの言葉で、ここにいること自体が認められなかったりすることは、

　体の痛みやお金の損とはくらべものにならないほど、心が深く傷つきます。

　そんな場所に毎朝登校するときの、重たい気持ち。

　安心した毎日を送ることができず、やがて、そのような学校に行くことができなくなってしまいます。

　その子の、学校に通うという人生の大事な時期を、いじめは奪うのです。

　一つひとつのいじめそのものは、ナイフで刺すようにすぐに人の命を落とすものではないかもしれません。

　でも、コップに水が一滴一滴とたまっていき、やがて最後の一滴でコップから水があふれてしまうように、

　心の痛みは、積み重なっていけば、やがて、その人を自殺にまで追い込みます。

　その子の、幸せな人生そのものを、いじめは奪うのです。

　大人から見ると、学校というのは、本当に変わった場所です。

　同じ歳の人だけで集まり、

みんな同じ服を着て、

みんな同じ日課を過ごし、

勉強や部活動の成績など、みんな同じような目標に向かっています。

だから、他の人のちょっとした「ちがい」が、すごく目立つように感じます。

でも、学校を出たあとの実際の社会では、一人ひとりが本当にバラバラです。

歳、生まれ育った環境、外見、ものの感じ方・考え方などは一人ひとりがちがっていてあたりまえです。

そして、そのちがいをお互いに認めあい、大切にしながら社会は成り立っています。

むしろ、他の人とはちがっているものを持っている人が、新しいことを始めたり、社会を良い方向に変える力をもっていたりします。

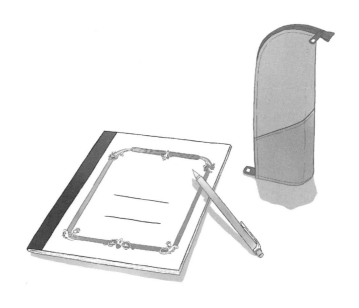

どんな人であっても、大切な存在・大切な人間として扱われ尊重されること。

　人は、誰かの物でも、誰かの人形でも、誰かの奴隷でもない。

　大切な存在・大切な人間として扱われること。

　そして、誰もが安心した毎日を過ごすことができ、幸せな人生を送ることができること。

　それが、法律が何よりもいちばん大事に守っている基本です【12】。

　いじめは、そのことを奪うから許されないのです。

　法律は、この社会がうまくまわるために作られているルールです。

　法律は、国会という場所で多数決で作られます。

　多数決は「数が多ければ何を決めてもかまわない」ということではありません。

　「一人ひとりが大切な存在だ」ということを認め合っているからこそ、

　そして、「すべての人が安心・安全な毎日と幸せな人生を送るにはどうすればよいだろうか」と考えながらルールを作るからこそ、

　その多数決にすべての人が納得し、従うことができるものになるのです。

　この社会が成り立つためには、「お互いを認め合う」「お互いを傷つけない」、ということが絶対に必要なのです。

　私たちは、

　いじめでつらい思いをしている子を守るために、

　そして、

　「お互いを大切にし合う」というこの社会を守るために、

　いじめをなくさなければいけないのです。

　多くの大人たちは、一人ひとりのちがいを大切にしようとせず、

　「まとまりから外れないように」と、子どもたちにプレッシャーを与えています。

　それが子どもたちにストレスになっていじめにつながっているのだと、私は思っています。

　自分がまわりからきちんと大切にされていなければ、「他の人を大切にする」

ことの本当の意味を理解するのは難しいことです。

　だから、私たち大人は、いじめをしてしまう子どもにも、「あなたも大切な存在なんだよ」というメッセージが、その心に届くようにしなければならないと思います。

　今学校に通っているみなさんには「お互いを認め合い、傷つけることなく、それぞれが安心した毎日・幸せな人生を送ることができる」、そういう社会のメンバーの一人になってほしいと、私は心から願っています。

【1】　刑法208条「暴行を加えた者が人を傷害するに至らなかったときは、2年以下の懲役若しくは30万円以下の罰金又は拘留若しくは科料に処する」

【2】　刑法204条「人の身体を傷害した者は、15年以下の懲役又は50万円以下の罰金に処する」

【3】　刑法230条1項「公然と事実を摘示し、人の名誉を毀損した者は、その事実の有無にかかわらず、3年以下の懲役若しくは禁錮又は50万円以下の罰金に処する」

【4】　刑法231条「事実を摘示しなくても、公然と人を侮辱した者は、拘留又は科料に処する」

【5】　刑法222条1項「生命、身体、自由、名誉又は財産に対し害を加える旨を告知して人を脅迫した者は、2年以下の懲役又は30万円以下の罰金に処する」

【6】　刑法223条1項「生命、身体、自由、名誉若しくは財産に対し害を加える旨を告知して脅迫し、又は暴行を用いて、人に義務のないことを行わせ、又は権利の行使を妨害した者は、3年以下の懲役に処する」

【7】　刑法249条1項「人を恐喝して財物を交付させた者は、10年以下の懲役に処する」
　　　同条2項「前項の方法により、財産上不法の利益を得、又は他人にこれを得させた者も、同項と同様とする」

【8】　刑法236条1項「暴行又は脅迫を用いて他人の財物を強取した者は、強盗の罪とし、5年以上の有期懲役に処する」
　　　同条2項「前項の方法により、財産上不法の利益を得、又は他人にこれを得させた者も、同項と同様とする」

【9】　刑法235条「他人の財物を窃取した者は、窃盗の罪とし、10年以下の懲役又は50万円以下の罰金に処する」

【10】　刑法261条「…他人の物を損壊し、又は傷害した者は、3年以下の懲役又は30万円以下の罰金若しくは科料に処する」

【11】　刑法176条「13歳以上の男女に対し、暴行又は脅迫を用いてわいせつな行為をした者は、6月以上10年以下の懲役に処する。13歳未満の男女に対し、わいせつな行為をした者も、同様とする」

【12】　憲法13条「すべて国民は、個人として尊重される。生命、自由及び幸福追求に対する国民の権利については、公共の福祉に反しない限り、立法その他の国政の上で、最大の尊重を必要とする」

2：先生が体罰をやめない

　私立の高校に通ってます。授業に遅刻したら、先生から軽く蹴りを入れられました。この前は、ピアスの穴を開けた友だちが、その先生から小突かれてました。先生は、「これが俺のやり方だ、このやり方をやめるつもりはない、学校の上の人たち（校長とか）も知っている」とか言ってます。こんなこと許されるんですか。

　先生が生徒を殴ったり蹴ったりすることは、法律に反します【1】。決して許されないことです。

　暴力の程度は関係ありません。たとえ力を入れたのが軽くても、ダメです。

　殴ったり蹴ったりすることは犯罪です。

　ふつうの社会の中では犯罪なのに、学校の中では先生が生徒にしても許されるというのでは、おかしいですね。

　学校教育法という法律には、「体罰をしてはいけない」とはっきり書かれています【2】。

　体罰が許されないのは、公立学校でも私立学校でも、かわりありません。

　悪いことをしたら、「罰」を受ける。

　そういう社会のしくみ自体は、もちろん必要です。

　私も弁護士として、犯罪をしたと疑われている人たちの弁護活動をしていると、「罰」の持つ重みを実感することが多いです。

　でも、裁判を終えて受ける「罰」でさえ、

　その内容は、お金を払わされたり、自由を奪われたりするというものです。

　殴られたり蹴られたりする「罰」など、ありません。

　しかも、罰の前には、裁判などの場で、本人の言い分をきちんと聞かなければならないし、

　どういう時にどういう罰になるか、というルールがきちんと決まっていなければなりません。

　それに、子どもが犯罪をした場合は、大人とちがって、「罰」を与えるのではなく、その子を「保護」して「教育」しようというのが、法律の基本的な考え方です【3】。

　それなのに、学校では犯罪ほど悪いことをしていなくても、「罰」として先生から殴られたり蹴られたりする。

　しかも、生徒の言い分をちゃんと聞かないままだったり、「罰」のルールもあいまいで、指導する先生の気分しだいで行われていることもよく耳にします。

　これは、まったくおかしなことです。

　教育には体罰が必要だ、という人もいます。

　でも、暴力で相手を押さえつけるのは「教育」ではありません。

　こうした場合の暴力は、単なる「支配」です。

　たとえ、暴力を使って相手が素直になったように見えても、それは怖いから、いっときだけ、表面的にそうするだけのことです。

　表面では従っていても、心の中では反発したまま。

　「ルールの意味を理解してきちんと守る」という人間には育ちません。

　また、体罰が行われるときは、先生の側も冷静ではありません。

　そのため、体罰がエスカレートして子どもがケガをしたり、死んでしまったり、心を深く傷つけて子どもが自殺してしまったりする、そのような痛ましい事件がこれまでにいくつも起きています【4】。

　悪いことをしてしまった子どもに必要なのは、体罰という暴力の痛みや恐怖ではありません。

必要なのは、「なぜそれをしてはいけないことなのか」ということを、きちんと考えさせることです。

　ルールを守らない子どもを教育するのに、その大人の側が「体罰をしてはいけない」という国のルール（法律）を破っていては、まったく説得力がありません。

　体罰をやめるように、その先生や学校に、あなたたち生徒の意見を伝えていきましょう。
　でも、その伝えかたには工夫が必要です。

　とくに、あなたが体罰を受けたきっかけ（出来事）について、あなた自身がきちんと整理する必要があります。
　今回であれば、授業に遅刻したことについて、
　どうして遅刻がダメなことなのか、
　どうして今回遅刻してしまったのか、
　これからどうしたら遅刻しないようにできるか、
　それらを、あなた自身がどう頭の中で整理し、それをどうやって先生に伝えるかが大事です。
　「体罰がなくても、きちんと話し合えば、自分はわかるんだ」ということを、示していきましょう。

　体罰をする先生に向かって「先生が法律に違反している」と言うときには、
　自分自身のルールへの向き合い方も、見つめ直すことが大切なのです。

　ぜひ、先生や学校と真剣に話し合いをしてみてください。
　そのことを通して、「ルールとはいったいなんなのか」という大切なことを、自分の身をもって学んでいくことができるはずです。
　弁護士は、そのお手伝いをします。
　一緒に作戦会議をしましょう。

【1】 暴行罪（刑法 208 条）、傷害罪（刑法 204 条）、過失傷害罪（刑法 209 条 1 項）などにあたります。

【2】 学校教育法 11 条 「校長及び教員は、教育上必要があると認めるときは、文部科学大臣の定めるところにより、児童、生徒及び学生に懲戒を加えることができる。ただし、体罰を加えることはできない」

【3】 少年法 1 条 「この法律は、少年の健全な育成を期し、非行のある少年に対して性格の矯正及び環境の調整に関する保護処分を行うとともに、少年の刑事事件について特別の措置を講ずることを目的とする。」

【4】 大貫隆志編著『指導死　追いつめられ、死を選んだ七人の子どもたち。』（高文研、2013）

３：義務教育の「義務」って？

　中学生です。授業も面白くないし友だちもあんまりいないから、ほんとは学校に行きたくないんだけど、親は僕に「義務教育なんだから、学校に行かなきゃいけない義務がある」って言ってます。学校に行くのって「義務」なんですか？

　ちがいます。
　義務教育の「義務」は、「子どもが学校に行かないといけない義務」ではありません。
　「子どもたちのために、学ぶための時間と場所を、きちんとつくらないといけない」という大人の義務です。

　「小学校と中学校は義務教育なんだから、きちんと学校に通わないといけない」。
　ときどき聞く話ですね。
　でも、それはまちがいです。多くの人たちが誤解しています。
　教育は、「誰でも等しく受けることができる」という「権利」です。
　「受けなければいけない」という「義務」ではありません。
　憲法や、世界のルールである条約に、教育は「権利」だとはっきり書かれています【1】。

むかし、子どもたちは小さいころから働かなければなりませんでした。
学ぶことができたのは、ごく一部の豊かな家の子どもだけでした【2】。

でも、
文字を読んだり書いたりできるようになりたい、
計算ができるようになりたい、
自然のしくみや、社会のしくみを知りたい、
そういう気持ちは、誰もがもっています。
そして、そうやって学んだことは、人間らしく生きていくうえでとても大切な
支えになります。

だから、すべての子どもたちが学べるようにするために、
私たち大人が、子どもが学ぶための時間と場所をきちんと作ること。
国は、そうしたしくみを作らないといけない。
親や、子どもを働かせている職場は、子どもを学校にきちんと通わせないといけない。
けない。
そういう「義務」が大人の側にあるのです。

たとえば、子どものあなたは「学校に行きたい」と思っているのに、親があなたに、働かせたり、家事をさせたり、下のきょうだいの世話をさせたりして、学校に行かせない、ということは許されません。

でも、ぎゃくに子どものあなた自身が"学校にどうしても行きたくない、行けない"ということであれば、無理をして学校に行かなくても、かまいません。

クラスでいじめがあるとか、
先生が体罰をしてきたり、ひどいことを言ってくるとか、
勉強についていけないのにほったらかしにされているとか、
そんなふうに毎日の学校生活を安心して過ごせない、学校に居場所がないと感

じているなら、

　あなた自身を守るために、無理をして行かなくてよいのです。

　そして、「自分が安心して学ぶことができる場所を、きちんと作ってほしい」と、大人たちに求めることができます。

　それはけっしてわがままではありません。

　ひょっとしたら、みなさんの中には、こんなふうに考える人もいるかもしれません。

　「いじめや体罰があるわけじゃないけど、勉強がめんどうくさくて疲れるから、学校に行きたくない。学校に行くのが義務じゃないんだったら、行かないで遊んでいたい」。

　そんなあなたが、今、学校の勉強以外で一生懸命取り組んでいるものは何でしょう。

　サッカーやバスケットボールなどのスポーツでも、

　バンドやダンスでも、

　カードゲームや、オンラインゲームでも、

　自分のレベルが上がると楽しいし、

　みんなと一緒に力を合わせることの充実感があれば、なおのこと楽しいですよね。

　だから、繰り返し練習することや、それに何時間も取り組むこと、上のレベルにチャレンジすることが、

　まったく苦痛に感じなかったり、

　多少めんどうで疲れても、続けようという気持ちに自然になったりします。

　勉強も、同じことだと思います。

　新しいことを知ったり、わかったりしたときの喜びや、

　みんなと一緒に何かに取り組むことのすばらしさを感じることができるなら、

　多少めんどうで疲れるとしても、勉強も一生懸命取り組めるものになるでしょう。

　学校での勉強は、本来そういうものでなければいけません。

　今、学校での勉強がそうなっていないのは、子どもの側の問題ではなく、先生や学校、私たちの社会の側の問題です。

　私たち大人は、子どもたちに「義務だから行きなさい」とおどしながら学校に通わせるのではなく、

　学校で学ぶことの"楽しさ、おもしろさ、大切さ"が子どもたちに実感できて、

　自分から「学校に行きたい」と思える、そんな場所にすることが必要だと思います。

　だから、もし「学校に行きたくない」というあなたの気持ちを、親に受け止めてもらえていないなら、

　学校の中のあなたが信頼できる大人や、私たち弁護士に、話してみてください。

【1】　憲法26条1項　「すべて国民は、法律の定めるところにより、その能力に応じて、ひとしく教育を受ける権利を有する。」
　　　経済的、社会的及び文化的権利に関する国際規約（A規約）13条1項　「この規約の締約国は、教育についてのすべての者の権利を認める…（略）」
　　　児童の権利に関する条約（子どもの権利条約）28条1項　「締約国は、教育についての児童の権利を認める…（略）」
【2】　世界には、今でもそういう地域が残っています。国際労働機関（ILO）は、2020年に児童労働（就業最低年齢（原則15歳）未満で働いている子どもと、18歳未満で最悪の形態で働いている子ども）が1億6000万人いると推計しています。

4：部活動の連帯責任

　野球部の合宿で、自分の知らない間に他の部員4人がたばこを吸っていたそうです。そのことがバレて「今年の大会の出場を辞退する」と学校が決めてしまいました。いままで大会に向けてきつい練習をがんばってきたのに、なんで事件と関係ない自分たちが、試合に出られなくなるのをガマンしないといけないんですか。

　「ガマンしなければいけない」などということはありません。
　大会に出られるよう、部活の顧問の先生や校長先生に、みんなで一緒に話してください。

　人は"他の人に迷惑をかけないかぎり、好きなことをしていい"という自由があります。
　だからこそ、自分がしたことで他の人に迷惑をかけてしまったのなら、その責任は自分自身できちんと取らなければいけません。

　でも、他の人がしたことにまで、自分が責任を取らされるのは、よほどのことがないかぎりあってはならないことです。

　悪いことをしたら処罰されますね。

　他の人がやった犯罪なのに、あなたまで処罰されることがあるとしたら、
　それは、
　実はあなたがその人とグルになっていて、あなた自身は手を汚さないやり方だっただけとか【1】、

あなたがその人をそそのかしていたなど【2】、
その犯罪に関わっていたときだけです。

　わざと、または、うっかりやってはいけないことをして、誰かに迷惑をかけて
しまったら「損害賠償」というお金を払わないといけません。

　他の人がやったことなのに、あなたまで損害賠償を払わされることがあるとし
たら、
　あなたもグルだったとか、あなたがその人をそそのかしていたなどの他に、
　あなたがその人の雇い主だとか【3】、
　その人がまだ幼い子どもで、あなたがその子を育てている親だとか【4】、
　その人の肩代わりをしてお金を払う約束をあらかじめしていたとか【5】、
　そういう関わりがあるときだけです。

　そういう関わりがまったくないのに、
　「家族だから、同じ職場だから、同じ学校・クラス・部活だから」
　そんな理由だけで、あなたまで巻き添えになって、処罰されたりお金を払わさ
れたりすることはありえませんし、あってはならないことです。

　法律は、一人ひとりをそれぞれ大切な存在として扱っています。
　だから、よほどのことがないかぎり、他の人のしたことで自分が責任を負うこ
とはないのです。

　このことは、学校の部活動だって同じです。
　あなたの知らない間に、他の部員たちがたばこを吸っていたのは、あなたに何
の関わりも責任もないことです。
　それなのに、大会のために一生懸命がんばってきたあなたが、他の部員のせい

で大会に出られなくなることはありえませんし、あってはならないことです。

　ひょっとしたら、顧問の先生や、校長先生は、
「処罰や損害賠償は、法律の話。学校での教育は話がちがう」、
そう言うかもしれません。

　でも、それは明らかにまちがいです。
　学校での教育も、法律にのっとって行われています。
　そして、教育基本法という教育の一番ベースになる法律には、「一人ひとりを
大事にする」というメッセージがはっきりと書かれています【6】。

　処罰や損害賠償という大人の社会での責任の取り方ですら、「自分で自分の責
任を取る、他の人のせいで責任を負わされない」のです。
　ましてや、大人になるために学んでいる学校の中なら、自由と責任の意味を子
どもたちがきちんと学べるよう、よりいっそうていねいに守られなければならな
いのです。

　他の部員とも一緒に顧問の先生や校長先生と、大会に出られるようによく話をしてみてください。

　もし、話がうまく進まないようなら弁護士に相談してください。

　大人たちは、何か問題が起きると「一人ひとりが大切な存在だ」ということを忘れて、問題を起こした人だけでなく、そのまわりの人まで、「同じグループだから」とひとくくりにして、厳しく処分したり取り締まったりしてしまいがちです。

　時には、「同じグループだから」と根拠のない偏見をもとに、してはならない差別をすることまであります。

　これは、ほんとうにおかしなことです。

　責任とはなにか、そして、一人ひとりを大切にするということがどういうことか。

　今回のことをきっかけにして、あなたがそれをしっかりと身につけた大人になるよう願っています。

【1】　「共謀 共 同正犯」と言います（最高裁大法廷昭和 33 年 5 月 28 日判決・刑集 12 巻 8 号 1718 頁など）。
【2】　「教唆犯」と言います（刑法 61 条 1 項）。
【3】　「使用者責任」と言います（民法 715 条 1 項）。
【4】　民法 712 条、714 条 1 項
【5】　民法 446 条 1 項、447 条 1 項
【6】　教育基本法 2 条　「教育は、その目的を実現するため、学問の自由を尊重しつつ、次に掲げる目標を達成するよう行われるものとする。　…　二　個人の価値を尊重して、…自主及び自律の精神を養う…」

5：生活保護を受けている家でも
奨学金で大学に行ける？

　高校生です。母と二人暮らしで、生活保護を受けており、家計は楽ではありません。それでも大学に行きたいと考えています。奨学金を借りたら後で返すのが大変だと聞いていて、それも心配です。

「お金のことは、大変だけど、あきらめなければ最後はなんとかなるよ！」

　私が、進路とお金に悩んでいたある高校生にそう話すと、
　その子も、まわりの大人たちも、びっくりした顔をしていました。
　そして、「それならがんばってみよう」と、みんな明るい顔になったのが印象的でした。
「自分も大学に行けるんだ」。
　そういう前向きな気持ちを、ぜひ持ってください。

　生活保護のお金は、生活にぎりぎりの額なので、
"大学に行く費用を出すのは難しい"とあきらめていませんでしたか。

　生活保護だと、役所から「働ける人は働きましょう」と言われるから、
"卒業したら働かないといけない"とあきらめていませんでしたか。
　あるいは"働きながら通える夜間大学しか選べない"とあきらめていませんでしたか。

　役所のケースワーカーさんに、早めに相談をしてください（市役所や区役所にある福祉事務所に連絡をしてください）。
　あなたが高校を卒業するときに、「世帯分離」という手続をとれば、大学に行

くことができます【1】。

　今のあなたの場合で言うと、あなたとお母さんが一つの世帯で、2人分の生活保護のお金が払われています。

　世帯というのは、「家計を一緒にしている家族」のことです。

　その世帯を分けて別々にするのが、「世帯分離」です。

　世帯分離は、書類の上の手続きなので、実際にお母さんと離れて暮らす必要まではありません。

　お母さんは、引き続き生活保護を受けることができます。

　ただし、金額はお母さん一人分に減ります。

　あなたのほうは、生活保護を止めます。

　そして、奨学金やアルバイトで稼いだお金で、学費と生活費をまかなうのです。

　もし、離婚したお父さんがいるなら、お父さんにも学費や生活費を負担してもらうように話をしてみてください。

　あなたがお母さんと一緒の世帯のままだと、稼いだお金や、奨学金、他から受け取ったお金は役所に返さないといけません。

　でも、世帯分離をすれば、その必要がなくなります。

　また、入学に必要なお金を、生活保護のお金の中からやりくりして貯めることもできます。

　「奨学金を借りたら、後で返すのが大変だ」とよく言われますね。

　「奨学金」と聞いてすぐにイメージするのは、日本学生支援機構（旧：日本育英会）という国の奨学金です。

「貸与型」の奨学金だと、大学を卒業した時点で、返さないといけない奨学金は何百万円にもなります（平均で300万円前後）。

利子がつかない奨学金は、利用するのにハードルが高く、

利子がつく奨学金を使えば、返さないといけない金額は、さらにふくらみます。

そういったお金を、10年や20年もの時間をかけて、返し続けていかなければなりません。

大学を卒業したあと、暮らしが厳しくなって、奨学金を返すのが難しくなっても、日本学生支援機構は支払いを待ったり、免除など簡単にはしてくれません。

むしろ最近は、取り立てが厳しくなっていて、大きな問題になっています【2】。

裁判所で自己破産をすれば、支払わなくてもよくなります。

しかし、破産をすると、今度は保証人の親や親族が払うことになるので、「迷惑をかけられない」と手続きをためらう人も多くいます。

（ただ、破産ということでなくても、本人が払えなくなれば、いずれ保証人が払わないといけません。正確なことを知るためにも、こまったら早めに弁護士に相談してください）

国の奨学金にはいろんな問題があるのですが、2018（平成30）年から、「給付型」といって返さなくてもよい奨学金ができ、生活保護を受けている家の人が利用できるようになりました。また、2020（令和2）年からは給付型の奨学金を受けられる対象が広がり、授業料や学費が免除や減額されるようにもなりました。

奨学金制度は、国のものだけではありません。

都道府県や市区町村によっては、利子がつかない奨学金もありますし、民間の団体や企業には、「給付型」の奨学金も多くあります。

大学によっては、大学自体の奨学金の制度があって、入学前から申し込めるところもあります。

奨学金のしくみは複雑なので、自分に合ったものを知るのも一苦労ですし、提出書類をそろえるのも大変です。

めんどうだからと、最初からあきらめてしまう人も多くいます。

　でも、最初に書いたように、お金のことは大変だけど、あきらめなければ最後はなんとかなります。

　ケースワーカー、学校の先生、地域の人に話してください。

　あなたが、「大学で学びたい」という強い気持ちをもって動けば、あなたを支えて一緒に動く大人は必ずいます。

　弁護士も、その大人の中の一人です。

　自分で自分の人生を選んで進んでいけること。

　一人ぼっちではなく、支えてくれる人がいること。

　それが、とても大事なことなのです。

　この社会には、「大学で学びたいなら、自分でお金を出すのが当然だ」と考える人が多くいます。

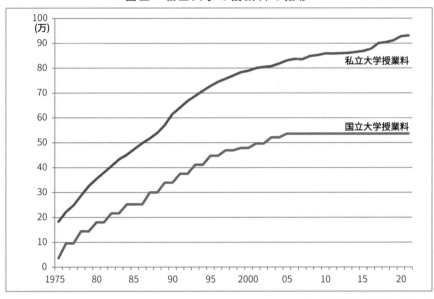

国立・私立大学の授業料の推移

（文部科学省の統計より作成）

　でも、外国ではタダで大学に通えるところが多くなっています。

　世界は、「みんなが大学にタダで通えるように少しずつ取り組んでいこう」と約束しているのですが、日本は、つい最近の 2012 年まで、それをずっと認めてきませんでした【3】。

　その間に、大学の学費は逆にどんどん上がっていきました。（上グラフ）

　多くの国では、返さなくてよい「給付型」の奨学金が充実していますが、日本は「返す奨学金」のほうがまだまだメインです。

　大学がタダでないのに「返す奨学金」がメインの国は、先進国の中において日本だけだと言われています。

　学びたい気持ちと学ぶ力があるのに、どの家に生まれ育ったかで、大学に行けるかどうかが決まってしまうのは、まったくおかしなことです。

40

どんな人も、その能力に応じて、ひとしく教育を受ける権利がある。

憲法は、はっきりとそう言っています【4】。
そのために、国がきちんと取り組まなければいけないのです。

「お金がなければ学べない」、と子どもたちがあきらめてしまう社会は、絶対に変えなければいけません。

あなたもぜひあきらめずに、大人たちを巻き込み、いろんな制度を使って、自分の道を切り開いていってください。
私たち弁護士も、その力になります。

【1】　昭和36年4月1日付厚生省社会局長通知「生活保護法による保護の実施要領について」「第1」「5」
【2】　「奨学金を返したくても返せない人が増え続けている現状に逆行し、追い打ちをかけているのが、機構における金融的手法の導入と回収強化策です。2004年に、それまでの日本育英会が廃止され、同奨学金事業が機構に引き継がれると、奨学金は『金融事業』と位置づけられ、金融的手法が強まりました」（奨学金問題対策全国会議編「日本の奨学金はこれでいいのか！　奨学金という名の貧困ビジネス」113頁）
　　　　「機構の債権回収においては、借り手の返済能力を無視した、無理な支払いを求められることが多いのが特徴である。延滞金のカットなどはほとんど認められず、月々の返済についても、柔軟な対応をしてくれないことが多い」（日本弁護士連合会貧困問題対策本部アメリカ奨学金制度調査団編「アメリカ奨学金制度調査報告書－我が国の奨学金制度に対する提言－」34頁）
【3】　経済的、社会的及び文化的権利に関する国際規約（A規約）13条2項　「この規約の締約国は、1の権利の完全な実現を達成するため、次のことを認める。…（略）…　（c）高等教育は、すべての適当な方法により、特に、無償教育の漸進的な導入により、能力に応じ、すべての者に対して均等に機会が与えられるものとすること」
　　　　この条文のうち、「特に、無償教育の漸進的な導入により」の部分を日本はずっと留保していました。2012年9月11日に日本が留保を撤回するまで、この条項を留保していた国は、日本とマダガスカルのたった2つだけでした（外務省「経済的、社会的及び文化的権利に関する国際規約（社会権規約）第13条2（b）及び（c）の規定に係る留保の撤回（国連への通告）について」）
【4】　憲法26条1項　「すべて国民は、法律の定めるところにより、その能力に応じて、ひとしく教育を受ける権利を有する」

6：子どもの選挙運動・政治活動

　高校生です。政治に関心があります。選挙期間中に、がんばってほしい候補者をみんなに知ってもらいたくてツイッターでリツイートしたら、他のユーザーから、「子どもがそういうことをしたら犯罪になる」って言われてしまいました。あと、休日にデモに参加していたら、学校から、「これからはデモの参加を事前に学校に届け出るように」と言われました。法律ではどうなってるんですか？

　選挙運動というのは、選挙期間中に、「みんなにこの候補者や政党を知ってもらいたい、投票してほしい」とがんばることです。

　17歳以下の投票権のない子どもが、街で人々に呼びかけたり、インターネットで書き込んだりすれば、犯罪になってしまいます【1】。

　（事務所でコピー取りやお茶くみを手伝ったり、インターネットで政治のテーマについて自分の意見を書いたりすることは、選挙運動ではないので、子どもがやってもOKです）。

　「選挙では、いろんな議論が飛び交うし、人々もいろんな動きをする。
　そこに、社会的にまだ未熟な子どもを、巻き込ませてはいけない」

　裁判所は、そう言っています【2】。
　それなら、「子どもを守る」ためのルールなのですから、
　子どもが巻き込まれたのではなくて、自分からすすんで選挙運動をしている時に、その子どもを犯罪として処罰するのは、おかしなことです。

　実は、70年前にこのルールを作った当時の国会議員たちに、「子どもを守る」という考えは、ありませんでした。

選挙のルールを決めている公職選挙法は、1950（昭和25）年にできました。

しかしそのわずか2年後の1952（昭和27）年、「人々の選挙運動のやり方がおかしい。きびしくルールを決めて取り締まるべきだ」という意見が出てくるようになりました。

一軒一軒の家を回る戸別訪問や、選挙のときの署名運動は禁止するべきだとか、選挙運動で使えるスピーカーの数を減らそうとか、

そういう選挙運動の「おかしなやり方」についての話し合いの中で、

「多くの子どもたちが選挙運動に入ってくることも問題だ」という意見もありました。

そして、「選挙運動をしている子どもを直接、警察が取り締まれるようにするべきだ」と国会議員たちが話し合って、犯罪にしてしまったのです【3】。

そこに、子どもを守るという考えはありませんでした。

子どもも、この社会の大事なメンバーです。

投票する権利がないからこそ、大人たちに向かって「子どもたちや将来の社会をきちんと考えている候補者や政党に投票してほしい」と一生懸命働きかけるのは、とても大切なことです。

最近の選挙では、社会人の半分近くが投票に行っていません。

権利を持っているのに、投票に行かない大人たちと、

権利はまだなくても、政治に関心を持って、候補者や政党を応援したいと思う子どもたちを比べれば、

その子どもたちのほうが、社会のメンバーとして自覚のある、りっぱな「社会人」だと私は思います。

子どもの選挙運動は犯罪になるという条文は、学者も裁判官も問題があると言っています【4】。

18歳で選挙権を持つようになった今、この条文は近いうちになくすべきだと思います。

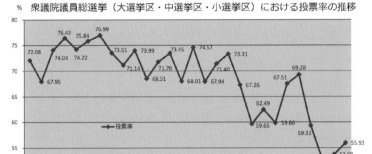

% 衆議院議員総選挙（大選挙区・中選挙区・小選挙区）における投票率の推移

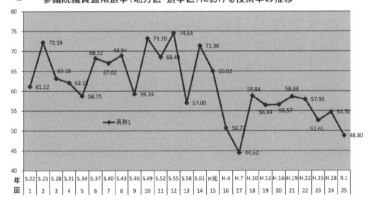

% 参議院議員通常選挙（地方区・選挙区）における投票率の推移

では、高校生の休日のデモ参加については、どうでしょうか。

1969（昭和44）年、文部省（今の文部科学省）は、高校生の政治的な活動を厳しく制限しました【5】。

そのころ、各地の高校生たちがさまざまな学校問題や社会問題について運動をしていましたが【6】、

中には、学校の外の人の影響を受けて、とても暴力的なやり方をする生徒たちがいました。

　そのために、高校生の政治的な活動が制限されたのです。

　でも、それならば、違法なものや暴力的なものだけを禁止すればよかったはずです。

　子どもにも、自分の意見を言う自由、社会に伝える自由、いろんな人たちと集まって一緒に活動する自由があります【7】。

　そして、この自由は、民主主義というこの社会のしくみの土台となる、とても大切な自由なので、よっぽどの理由がなければ法律で制限してはいけないのです。

　教育基本法には、「学校は政治的な活動をしてはいけない」と書かれています【8】。

　でもそれは、学校や先生が自分の政治的主張を生徒たちに押し付けたりしてはいけない、という意味です。

　一人ひとりの生徒が自分の意見をもって動くことまで、禁止していません。

　むしろ、教育基本法や学校教育法には、「子どもたちがこの社会のメンバーとして積極的にかかわっていくことができるように育てていこう」とはっきり書いてあります【9】。

　それなのに文部省は、1969（昭和44）年から、政治にかかわることのほとんどを制限してきました。

　それが2015（平成27）年まで46年もの長い間、ずっと続いてきたのです。

　子どもたちの政治的な活動が制限されてきた一番大きな理由は、「未成年には選挙権がないから」ということでした。

　しかし、最近法律が変わり、選挙で投票できる年齢が20歳から18歳に引き下げられました。

　誰が当選するかが激しく争われる「選挙運動」でさえ18歳以上の高校生ができるようになるのですから、幅広く社会のことについて主張したり行動したりするのも、認められるのが当たり前です。

　なので、2015（平成27）年になると文部科学省は、これまで認めてこなかっ

た放課後や休日の政治的な活動を「これからは基本的にＯＫ」と変えました【10】。

　ところが、そのすぐ後に文部科学省は、「生徒が放課後や休日にデモや集会に参加する場合には学校に事前に届出をさせることにしてもよい」と言い出しました【11】。

「届出制とは、事前に学校に言っておくということです。
　学校は、そのデモや集会の参加を許可する／しないという判断まではできません。
　「だったら、禁止されてないんだから、かまわないのでは」と考える人もいるかもしれません。
　でも、それはものごとの考え方が逆さまです。
　「届け出ればデモや集会に参加できるからいい」、のではなく、
　「届け出なければデモや集会に参加できない（してはいけない）」、本来自由にできるはずのものに制限があるということが問題なのです。
　それも、46年間ダメだったものをＯＫにすると変えたばかりなのに、このようなしばりを作るのはおかしなことです。

　もし、届出をしないでデモに参加したら、校則に違反したという理由で、注意や指導がされ、場合によっては退学処分になるかもしれません。
　そんなときは弁護士に相談して、裁判で争うこともありえるでしょう。

　でも、私は裁判で争うよりも、校内のみんなで議論していくほうが何倍も大事だと思います。

　政治的な活動をする自由は、本来よっぽどのことがないかぎり、奪ったり制限したりすることはできません。
　だから、その大切な自由を制限しようとするなら、
　なぜ制限が必要だと学校が考えるのか、それがよっぽどのことなのか、その制限のやり方で意味があるのか、

それを、生徒・保護者・先生みんなできちんと議論し、みんなが納得する形で決めていかなければならないのです。

そうやってみんなで議論して決めていくこと自体が、大事な政治の一歩であり、役所や学校が一方的に決めること自体が、子どもたちから政治を奪うものです。

届出制のことを通して、みなさんが政治とは何かをよりいっそう学ぶことができるはずだと、私は強く思っています。

【1】　公職選挙法 137 条の 2 第 1 項　「年齢満 18 年未満の者は、選挙運動をすることができない」
【2】　大阪高等裁判所平成 4 年 6 月 26 日判決（判例タイムズ 822 号 283 頁）
【3】　第 13 回国会公職選挙法改正に関する調査特別委員会第 4 号（昭和 27 年 6 月 4 日）、佐藤幸治『現代国家と人権』（有斐閣、2008）「子どもと参政権利」247 頁
【4】　安田充・荒川敦編著『逐条解説　公職選挙法（下）』（ぎょうせい、2009）1016 頁、佐藤幸治、前掲書「子どもと参政権利」241 〜 251 頁、大阪高等裁判所平成 4 年 6 月 26 日判決（判例タイムズ 822 号 283 頁）
【5】　昭和 44 年 10 月 31 日文部省初等中等教育局長通達（文初高第 483 号）「高等学校における政治的教養と政治的活動について」
【6】　小林哲夫『高校紛争 1969-1970』（中公新書、2012）86 頁
【7】　憲法 21 条 1 項　「集会、結社及び言論、出版その他一切の表現の自由は、これを保障する」
　　　児童の権利に関する条約（子どもの権利条約）12 条 1 項　「締約国は、自己の意見を形成する能力のある児童がその児童に影響を及ぼすすべての事項について自由に自己の意見を表明する権利を確保する。この場合において、児童の意見は、その意見の年齢及び成熟度に従って相応に考慮されるものとする」
　　　同条約 13 条 1 項　「児童は、表現の自由についての権利を有する。この権利には、口頭、手書き若しくは印刷、芸術の形態又は自ら選択する他の方法により、国境とのかかわりなく、あらゆる種類の情報及び考えを求め、受け及び伝える自由を含む。」
　　　同条 2 項　「1 の権利の行使については、一定の制限を課することができる。ただし、その制限は、法律によって定められ、かつ、次の目的のために必要とされるものに限る。(a) 他の者の権利又は信用の尊重　(b) 国の安全、公の秩序又は公衆の健康若しくは道徳の保護」
【8】　教育基本法 14 条 2 項　「法律に定める学校は、特定の政党を支持し、又はこれに反対するための政治教育その他政治的活動をしてはならない」
【9】　教育基本法 2 条、学校教育法 5 条 2 項、21 条
【10】　平成 27 年 10 月 29 日文部科学省初等中等教育局長「高等学校等における政治的教養の教育と高等学校等の生徒による政治的活動等について（通知）」（27 文科初第 933 号）
【11】　朝日新聞 2016 年 1 月 30 日「高校生の校外デモや集会参加　学校への届出制容認　文科省」

7：夜間中学

　みなさんは、「夜間中学」という中学校があることを知っていますか。

　戦後の日本は、1945（昭和20）年まで続いた大きな戦争によって社会が混乱していました。

　その中で、家が貧しくて仕事をしなければならず、小中学校に通えなかった人が、多くいました。

　夜間中学は、元々そういう人たちのために作られた学校でした。

　日本の敗戦・朝鮮の独立で一方的に日本の国籍を奪われ、「外国人だから」と差別を受けてきた年配の在日コリアン（韓国・朝鮮人）の人たちにとっても、夜間中学は今も大切な学びの場です。

　夜間中学は、戦後の混乱が落ち着いたあとも、

　その時代ごとに、いろんな人々の学びの場になってきました。

　1972（昭和47）年、日本が中国と仲直りをして、日本に帰ってきた「中国残留孤児」の人たち。

　中国にいた日本人が戦争に負けて逃げ帰るとき、親が死んだり、はぐれたりして、中国に置き去りにされていた人たちです。

　障害のある人たち。

　今は、障害のある子どもも学校で学ぶことが当たり前ですが、1979（昭和54）年までは、毎年2万人近くの障害のある子どもたちが学校で学べませんでした。

　人種や宗教、政治的な意見などを理由に、捕まって処罰されたり、命の危険があるため、自分の国から日本に逃げてきた「難民」の人たち。

　難民以外にも、いろんな事情で外国から日本に新しくやってきた人たち。

　戸籍がないまま 20 年、30 年も生き、学校に通うことができなかった「無戸籍」
の人たち（法律のしくみや裁判の手続が不十分だったため、親が「子どもが生まれた」
という届出を出せなかったのです）。

　それから、不登校だった人たち。
　これまで、不登校の人は、中学の卒業証書を渡されてしまうと夜間中学に入れ
ませんでした。
　でも、2015（平成 27）年 7 月からは、卒業証書をもらっていても夜間中学に
通えることになりました。

自分の名前が書けない。

電車の案内図の文字が読めない。

計算ができなくて、お金をだまし取られる。

基本的なことを学べないまま社会で暮らすのは、本当に大変でつらいことです。

生きていく上で基本となる教育を受けられなかった人々にとって、夜間中学は大事な役割を果たしています。

夜間中学は、国籍も年代も、さまざまな人たちが集まり、

それぞれが、学ぶ喜びを実感しながら卒業していきます。

義務教育を受けられなかった人、夜間中学を必要としている人は何十万人もいるのに、公立の夜間中学が少ないという問題もあります。

2016（平成 28）年、教育機会確保法という法律が作られ、全国に夜間中学を増やしていこうということになりました。法律ができたときは 8 都府県 31 校しかありませんでしたが、今、少しずつ数が増えています。

「義務教育」の「義務」の意味は "一人ひとりみんなが学べるように、私たちの社会がしくみをきちんと作らなければいけない" ということです。

その義務を、15 歳を過ぎた人々に対しても社会がきちんと果たすための場所。

15 歳を過ぎた人々の学ぶ権利が、きちんと守られる場所。

夜間中学は、そういう中学校なのです【1】。

【1】　1993（平成 5 年）に公開された映画「学校」（山田洋次監督）は、夜間中学がさまざまな生徒の学びの場であることが、とてもリアルにえがかれています。

裁判で難民として認定されたアフガニスタン難民のアリ・ジャンさんが夜間中学で学んだ様子は、『母さん、ぼくは生きてます』（マガジンハウス、2004）という本に書かれています（難民認定の裁判は東京地裁平成 17 年 11 月 11 日判決、東京高裁平成 18 年 9 月 13 日判決）。また、北朝鮮から逃げてきた脱北者リ・ハナさんも、夜間中学で学び、その後大学に入学したことを、『日本に生きる北朝鮮人　リ・ハナの一歩一歩』（アジアプレス出版部、2013）という本に書いています。

墨田区立文花中学校のドキュメンタリー映画「こんばんは」（森康行監督）にも、不登校だった男子生徒が夜間中学で先生や他の生徒との交流の中で成長していく様子がえがかれています。

解説 ……… 渡辺 雅之

　第一章はおもに学校に関することが書かれています。みなさんが通う、あるいは通っていた学校はどんなところだったのでしょう。それぞれかなりちがっていたかもしれませんね。単純に二分化すると、一人一人の子どもを大事にする教育活動をしている先生が多い学校と、規則や罰則でみんなをしばることが多い学校があったことでしょう。残念ながら、どちらかというと、今の日本の学校は後者が圧倒的に多い状況です。

　そうした中で、いじめ問題が悪質化したり、不登校の児童・生徒数も増えています（2021年のデータでは、全国の小中学生 196,127 人が欠席日数 30 日以上、文部科学省）。先生の不祥事がニュースで流れることも少なくありません。そういう意味では日本の学校教育は、決していい方向には向いていないということができます。本章にあったように、いじめや体罰で悩んでいる人も少なくないと思います。山下さんが言うように、いじめという行為は人権侵害であり、ふつうの社会では犯罪とされる事例も見られます。そして「いじめられる側にも問題がある」という考えは、100％まちがいだと書かれています。

　いじめについて、文部科学省は次のように定義しています。
【これまでの定義】
（1）自分より弱い者に対して一方的に、
（2）身体的・心理的な攻撃を継続的に加え、
（3）相手が深刻な苦痛を感じているもの。なお、起こった場所は学校の内外を問わない
とする。
　なお、個々の行為がいじめに当たるか否かの判断を表面的・形式的に行うことなく、いじめられた児童生徒の立場に立って行うこと。

【平成 18（2006）年度からの定義】
　本調査において、個々の行為が「いじめ」に当たるか否かの判断は、表面的・形式的に行うことなく、いじめられた児童生徒の立場に立って行うものとする。
「いじめ」とは、「当該児童生徒が、一定の人間関係のある者から、心理的、物理

的な攻撃を受けたことにより、精神的な苦痛を感じているもの」とする。

　なお、起こった場所は学校の内外を問わない。

　○「一方的に」「継続的に」「深刻な」といった文言を削除

　○「いじめられた児童生徒の立場に立って」「一定の人間関係のある者」「攻撃」
等について、注釈を追加

　ここに示されているのは、当事者の立場を最も重視するということです。「一方的、
継続的、深刻な」は、なぜ削除されたのか一緒に考えてみてください。
どんな理由があろうと、人権侵害をしていいわけはありません。「あいつが○○だ
から・・・[1]」というのは通用しないのです。むしろ、いじめという行為は、いじ
める側がもっともらしい「理由」を作り上げてそれを正当化してしまうのです。

　　　心の痛みは、積み重なっていけば、やがて、その人を自殺にまで追い
　　　込みます。その子の、幸せな人生そのものを、いじめは奪うのです(p.20)。

　国はこの事態を重く見て、2013年に「いじめ防止対策法」が制定されました。
国や地方公共団体、そして学校がこの問題に真剣に取り組むことが求められたので
す。これ自体は大いに歓迎すべきことでしょう。対策法には次のように書かれてい
ます。

> （いじめの禁止）第四条　児童等は、いじめを行ってはならない。

　しかし、法律にこう書かれたからいじめがなくなるわけでも、いじめを行っては
いけない、ということでもありません。むしろ、この法律が出来たことによって、
学校現場が報告書作成などで忙しくなり、先生たちと子どもたちが触れ合う時間が
失われ、問題解決が遅れてしまうという皮肉な状況が生まれています[2]。本来、子
どもの世界で起きるいじめは大人社会の鏡のようなものです。社会で繰り返される
働く人に対する不当な扱いや、ヘイトスピーチなどの差別を放置していることが問
題の根幹にあるのではないでしょうか。国や文部科学省は、問題の根幹に目を向け
てその解決に力を尽くすべきだと思います[3]。

しかし、いじめに関しては「（法律で）決まっているからやめよう」、「国や社会の変化を待とう」というような消極的な姿勢ではいけないと思います。難しくても、自分たちの世界で起きたことならば、自分たちの力でなくしていくようにしなければならないでしょう。とは言え、いじめによって苦しんでいる当事者にとって、「いじめとたたかう」なんてとても無理なことです。「苦しい、辛い」と感じたら、それは心がストレスに耐える限界に近づいている信号です。元プロボクシング世界チャンピオンの内藤大介さんは、中学の時に受けたひどいいじめ体験を振り返って「相談はカッコ悪くない」とはっきり言います。

　　　俺は一人で悩んじゃった。その反省からも言うけど、少しでも嫌なことがあれば自分だけで抱え込むな。親でも先生でも相談したらいい。先生にチクったと言われたって、それはカッコ悪いことじゃない。あきらめちゃいけないんだ。

　内藤さんの言うとおり、まずは誰かに相談してほしいと思います。「でも、話せる人はいない」と感じている人もいるでしょう。だけど、よくまわりを見てください。大人、子どもを問わず必ずあなたの話をちゃんと受け止めてくれる人はいると思います。もし見つからなければ、ネットや電話での相談窓口もあります。いじめはどこでも誰にでも起こりうることで、恥ずかしいことではありません。ましてや「自分が悪いからいじめられるのだ」と考える必要はありません。

　もしかすると、相談するパワーすら持てない時もあるかもしれません。漫画家の西原理恵子さんは、そんな時は「上手にうそをついて」と主張します。

　　　うそをついてください。まず仮病を使おう。そして学校に行かない勇気を持とう。親に「頭が痛い」とでも言って欠席すればいい。うそはあなたを守る大事な魔法。人を傷つけたり盗んだりするのではなければ、うそって大事よ。これからも、上手にうそついて生きていけばいいんだよ。

　ここで紹介した内藤さんや西原さんの言葉は『いじめられている君へ　いじめて

いる君へ　いじめを見ている君へ』（朝日新聞社、2012）に載っています。図書館にあると思いますから、是非読んでみてください。

　話を少し戻しましょう。先程、「自分たちの力でいじめをなくしていくようにしなければなりません」と書きました。それは、**他者にいじめられないように自分を変えるのではなく、まず他者をいじめない自分になること**ではないかと思います。そして、「いじめなんてくだらないものをやめよう」という空気をみんなで作っていくことが必要です。

　路上で生活をしている人を見たことはありませんか。テレビのニュースで戦火から逃れて難民になる子どもたちや、貧困で痩せ細った人たち、人種を理由に暴行を受けている人たちを見たことはありませんか。「怠けたから、ああなったのでは」「ああはなりたくない」「あそこに生まれなくてよかった」、そんな風に思ったことはありませんか④。それは「いじめ」の問題と深く関わっています。残念ながら、人間にはそうした心が内側にあるのかもしれません⑤。しかし、チンパンジーの研究をした長谷川さんは、「ヒトの特徴の一つは、他のどんな動物にも見られないほど利他性が高い⑥」と言います。「利他行動とは、自らの適応度を下げても他者の適応度を上げる行動」、つまり、自分のことよりも他人を思いやる心を持っているのが人間だということになります。

　人間は元々自然の中ではとても弱い存在なのです。強く見えても、歳をとれば誰でも身体は弱ってきますし、やがてその命の灯は例外なく消えていきます。だからこそ、弱いからこそ、人間は助け合う社会を作ってここまで生き延びてきたのです。
　しかし、残念ながら助け合うどころか、教室にはいじめを始めとした問題は絶えないし、世界に戦火が途切れることはありません。私たちはすぐにこうした問題を解決できる力を持っていません。それでもなお、希望を失ってはいけないと思うのです。
　こんなことを隣の友だちと少し話題にしてみませんか。先生に、まわりの大人に、どう思うか聞いてみませんか。そして、いじめや体罰などの問題があれば、見てみぬふりをするのではなく、同じようにまわりの人と話し合ってみませんか。それが、**他者をいじめない自分になること**でもあり、「それマズイからやめよう」という人

を増やすことであり、私たちが生きているこの**社会をすこしでも良い方向に変える****こと**につながると思うのです⑦。また、はからずも、このことはいじめの加害者（加担していた人たち）になっていた人たちにとっても、大切なことではないでしょうか。

　そして最後に、今の学校は子どもにとって様々な規制やしばりあって窮屈なところですが、いじめ問題や校則のことなど「生徒・保護者・先生みんなできちんと議論し、みんなが納得する形で決めていかなければなりません」（子どもの選挙運動・政治活動 p.47）。私たちは、この言葉を胸に刻んで、大人も子どもも力をあわせ、いじめや人権侵害を乗り越えていく学校を作りたいですね。

① 例えば、○○の中には何が入ったりするでしょう。自分の日常を思い出して、考えてみてください。
② また、いじめの事実を報告すると「自分の指導力や責任が問われるのではないか」と怯えている先生たちもいるのです。
③ 学校で言えば、先生たちの数を増やしてゆとりをもって一人一人の子どもたちと触れ合う時間を確保するなどが考えられます。私の知り合いの現場教員 A さんは「教員の数を倍にすれば、いじめはなくせるかもしれない」と言っています。
④ 私も、いつもそうした「思い」が心の中に繰り返し生まれてきます。
⑤ 「自分は無事で良かった」という感情自体は自分を守る（防衛本能）として自然なものかもしれません。ただ、それが他者を見下すことや、社会にかかわらないことにつながってしまうことが問題なのでしょう。
⑥ 『モラルの起源』（白揚社、2014）p.446
⑦ 多様な個性を持つ人たちが共に生きていく社会 - こうしたことを考える材料として「夜間中学」のページをもう一度、読み返してみて下さい。山田洋次監督が作った映画「学校（1993）」がとても良いので是非、観てほしいと思います。

第2章

家庭

1：親の虐待から逃げてきて家に帰れない

　小さいころからずっと、親から、殴られたり、蹴られたりしてきました。これ以上がまんできなくて、家を飛び出してきてしまいました。もう家には帰れないし、帰りたくないけれど、夜泊まるところのあてもありません。どうすればいいですか。

　いままでずっとがまんをつづけてきたんですね。
　自分のことを大切にしてくれるはずの親に、大切にされず、
　安心して暮らすことのできるはずの家で、安心できず、
　とてもつらくて悲しい、そして、さみしい思いをしてきたと思います。
　暴力で受けたからだの痛みは、しばらくするとなくなりますが、
　こころの痛みはずっとつづきますよね。

　単なる家出ではなく、「もう家に帰りたくない」という気持ちにまでなるのは、よっぽどのことだったと思います。
　おじいちゃんやおばあちゃん、おじさんやおばさんなど、親戚の家に頼れれば良いのですが、それも難しいのですね。

　このようなとき、**まだ 18 歳になっていなければ、児童相談所というところが、あなたを守ります。**
　法律の言葉では、「一時保護」といいます。
　自分から児童相談所に直接連絡してもいいです。
　全国共通の電話番号は　189　です。
　自分から連絡しづらい人は、学校や塾の先生、近所の人など、あなたが信頼できる大人に話して、その人から児童相談所に連絡してもらってもかまいません。
　夕方や夜なら、警察に行って警察官から児童相談所に連絡してもらうという方法もあります。

　保護してもらうときには、きちんと「単なる家出ではなく、家に帰りたくない、帰れないんだ」ということを強く説明しましょう。

　そうでないと、大人からは「よくある親子げんか」とまちがえられて、あなたが家に帰されてしまうこともあります。

　一時保護をされると、「一時保護所」という施設で安全が守られます。

　ただ、一時保護所では、学校に行ったり友だちと連絡したりすることができません。

　すぐに安全を守るためにはしかたのないことなのですが、きゅうくつに感じると思います。

　一時保護所で暮らす期間は早ければ数日〜数週間、ふつうは１〜２ヶ月くらい、長いとそれ以上かかることもあります。

　その間に、児童相談所の人が、あなたの気持ちを聞いたり、親と話をしたりして家にもどることができないかどうかを調整します。

「やっぱり家に帰れない」「家に返せない」という場合には、あなたがこれから生活する場所を児童相談所が探してくれます。

　学校に通っている子どもならば、「児童養護施設」という施設があります。

　最近では、施設ではなくて、ふつうの家庭の中で暮らす「里親」「養育家庭」も増えました。

　アルバイトなどをして自立することを目指す子どもには、「自立援助ホーム」という施設もあります。

　児童相談所の人の言われたとおりに従わないといけない、ということではありません。

　あなた自身の人生なのですから、「どこで生活したいか」というあなたの気持ちや考えを、児童相談所の人にきちんと伝えて聞いてもらうことが大切です。

　一時保護について話しましたが、実は今、一時保護所はどこもいっぱいです。

　小さな子どもを優先して保護しなければならないので、10代の子を保護しよ

うにも、「満員で空きがない」と言われてしまうかもしれません。

　また、そもそも、18歳以上だと児童相談所が一時保護することはできないのです。

　そんな、一時保護が難しいけれども家に帰れないという10代の人たちのために、弁護士が中心になって、緊急避難施設を作りました。

　子どものための「シェルター」です（18歳、19歳も入れます）。

　見た目はふつうの一軒家ですが、どこにあるのかは絶対に秘密なので、あなたの安全は守られます。

　子どもには、担当の弁護士が1人ずつ付きます。

　これまでのことや、今のこと、これからのことについて弁護士があなたと一緒に考えます。

　そして、親・学校・職場・児童相談所、警察…いろんな大人たちと話し合うときにも、弁護士が力になります。

　2004（平成16）年に、先輩の弁護士たちが東京に「カリヨン子どもの家」というシェルターを初めて作りました。

　そうした取り組みが、全国にひろがっています。

　くわしく知りたい人は、次のウェブサイトを見てみてください（一部、休止中のところがあります）。

　あなたのいる場所にシェルターがなくても、大丈夫です。ぜひ、近くのシェルターに連絡してみてください。

　東京のシェルターについて相談したいときには、東京弁護士会の「子どもの人権110番」に電話をしてください。

　電話番号は、 03（3503）0110　です。

東　京：カリヨン子どもセンター（https://carillon-cc.or.jp/）

横　浜：子どもセンターてんぽ（https://www.tempo-kanagawa.org/）

岡　山：子どもシェルターモモ（https://shelter-momo.org/top.html）

京　都：子どもセンターののさん（http://www.nonosan.org/）

広　島：ピピオ子どもセンター（http://pipio.or.jp）

和歌山：子どもセンターるーも（http://www.lumo-lumo.org/）

札　幌：子どもシェルターレラピリカ（http://rera-pirka.jp/）

千　葉：子どもセンター帆希（ほまれ）（http://chiba-homare.org/index.html）

新　潟：子どもセンターぽると（https://porto-niigata.org/）

大　阪：子どもセンターぬっく（https://www.nukku.info/）

沖　縄：子どもシェルターおきなわ（http://shelter.okinawa/）

仙　台：ロージーベル（https://rosybell.jp/）

埼　玉：子どもセンターピッピ（https://childpippi.com/）

兵　庫：NPO 法人つなご（https://www.tsunago-cocoron.org/）

宮　崎：子どもシェルターみやざき（https://child-flap.com/）

旭　川：子どもセンタービ・リーヴ（https://center-be-live.org/）

群　馬：子どもシェルターぐんまオズ（https://gunmakodomoshelter.jimdofree.com/）

佐　賀：子どもシェルターばるーん（https://sagakodomoshiennowa.org/）

※　2022（令和 4）年 6 月現在。名古屋、福岡、大分は休止中

2：親が裁判所で 離婚の話し合いをしている

　親が裁判所で離婚の話し合いをしているみたいです。でも、どんな話がされてるのか、父も母もちゃんと話してくれないのでわかりません。裁判所から自分に教えてもらうことはできないんですか？　それに、できれば離婚してほしくないし、もし離婚することになるとしても、自分がどっちの親についていくかとか、別れるほうの親と今後どうするのかとか、そういう自分の考えは、誰にも聞いてもらえないんですか？

　法律が新しく変わって、2013（平成25）年1月から、子どもも裁判所での離婚の話し合いの手続きに加わることができるようになりました。
　さらに、子どもに対しては、どちらの親の立場でもない独自の弁護士をつけることができるようになりました。
　手続きに加わることで、裁判所でいまどんな話し合いがされているかを知ることができます。
　そして、自分の考えを弁護士と一緒に整理して、裁判所と両親に伝えることができます。

　親が裁判所で離婚の話し合いをしているのは、悲しくさみしいことですよね。
　親の離婚は、あなた自身の人生にとても影響があることです。
　それなのに、どんな話し合いになっているのか教えてもらえず、自分の意見も聞いてもらえないのはおかしなことです。
　「子どもなんだから大人の決めたことにだまって従っていなさい」と言う人もいるかもしれません。
　でも、「親の離婚」という重大な場面でそんなことを言うのは、まったくまちがっ

ています。

　離婚についてどんな話が進んでいるのか、あなたも知ることが必要ですし、あなたの意見を大人たちに聞いてもらうことも大切です。

　裁判所での話し合いを「調停」と言います。

　調停は、１ヶ月〜１ヶ月半に１回くらいのペースでします。

　お父さんとお母さんが、それぞれ自分の言い分を、裁判所の調停委員や調査官に伝えて話し合いを進めていきます。

　調停は数回で終わることもあれば、話し合いがなかなかまとまらず２年近く続くこともあります。

　調停では、離婚についていろんなことが話し合われています。

　離婚するのかしないのか、ということから話し合われているときもありますし、お互い離婚すること自体は納得していて、離婚の条件がおりあわずに話し合われているときもあります。

　離婚の条件として、

　子どもをどちらの親が育てていくか、

　離れるほうの親が、子どもを育てるためのお金を毎月いくらずつ払っていくか、

　離れるほうの親と、子どもがこれからどんな付き合いかたをしていくか、

　そういうことについても話し合われます。

　調停の話し合いの中で、子どもの意見が聞かれることは今までもありました。

　でも、裁判所が「必要だ」と思ったときにしか、子どもの意見は聞いてもらえませんでした。

　裁判所は中立なので、子どもの立場に立って一緒に考えてくれたり、アドバイスをしてくれたりということはありません。

　子どもは、意見を聞かれるだけで、調停の話し合いのメンバーとして扱ってもらえなかったのです。

　でも、最初に書いたように 2013（平成 25）年 1 月、法律が変わりました。

子どもも、調停の話し合いに、きちんとしたメンバーとして加わることができるようになりました【1】。

　子どものほうから、「調停に自分も参加したい」と言うことができるようになったのです。

　「そもそも離婚してほしくない」、

　「離婚するとしたら、こっちの親についていきたい」、

　「はなれるほうの親とは、これからこんなふうに付き合っていきたい」、「はなれるほうの親とはもうかかわりたくない」。

　そういう意見を、お父さん・お母さん・裁判所に言うことができるようになったのです。

　でも、子どもが裁判所で自分の意見をきちんと伝えるのはとても難しいことです（大人だって難しいことです）。

　「調停が今どんなふうに進んでいるんだろう」「これからどんなふうに進んでいくんだろう」、「自分がこの意見を言ったら、どんなプラスとマイナスがあるんだろう」、

　そんな不安・疑問に答えてくれるアドバイスもほしいと思います。

　また、どうやったら調停に参加できるのか、その方法も難しくてわからないだろうと思います。

　新しい法律では、子どもが、自分の味方の弁護士を付けることもできるようになりました【2】。

　お父さん・お母さんのどちらの立場でもない子どものための弁護士です。

　ぜひ、弁護士に相談してみてください。

　相談先は、巻末の一覧を見て下さい。

　これまで、裁判所の調停について書いてきました。

　しかし実際は、両親の離婚は、裁判所で話し合わないで、お父さんとお母さんの二人だけで話し合って決めてしまうことのほうがとても多いのです。

　離婚の話し合いが今どうなっているのかを、子どもが知ること。

　子どもの意見を、お父さん・お母さんにきちんと伝え、きちんと聞いてもらうこと。

　そして、子どもも弁護士のサポートを受けられること。

　そういうことは、裁判所の調停のときだけでなく、お父さんとお母さんの二人だけで話し合っているときだって大事なことです。

　だから、「離婚の話し合いが裁判所でされていないみたいだから」などとあきらめずに、弁護士に相談してください。

　私は、多くの子どもたちが、親の離婚で心を深く傷つけられているのを、よく見てきました。

　そして、そういう子どもたちと出会うたびに、「親の離婚という人生の大問題にもかかわらず、子どもの気持ちが大切にされていない」というくやしさや怒りを感じています。

　あなたが、きちんと親の離婚の話し合いに加わり、自分の意見を言えることや、聞いてもらえることは、あなたの人生にとってとても大切なことです。

　私は弁護士として、そう強く思っています。

【1】　家事事件手続法252条1項5号、258条1項、42条2項
　　　　話し合いの手続に加わることができる子どもの年齢について、法律には、「何歳からできる」とか「何歳まではできない」とははっきり書かれていません。ただ、年齢や発達の程度など、いろんなことを考えて、「子どもが参加しないほうがよい」、と裁判所が考えるときには、子どもが調停に参加できないこともあります（42条5項）。
【2】　家事事件手続法23条。「子どもの手続代理人制度」と呼ばれています。

3：母親の再婚相手と
養子縁組したくない

　中学3年生です。母と二人で暮らしてきました。最近、母に新しい彼氏ができて、母から、子どもを妊娠したこと、その男の人と再婚すること、その人と自分が養子縁組することを聞きました。正直言って母の彼氏のことは嫌いで、自分の父親にはなってほしくありません。最近、家にいるのがつらくて、親戚のところにいさせてもらうことが多いです。私は、その男の人と養子縁組をしないといけないんですか。

　いままで、お母さんと二人でがんばって暮らしてきたんですね。
　そのお母さんにできたパートナーのことを好きになれない、
　新しい家族が増えてきて家に自分の居場所がなくなるようでさみしい、
　いろんな複雑な気持ちをかかえながら過ごしているのではないかと思います。

　お母さんが再婚しても、それだけでは、お母さんの相手の男性と自動的に親子にはなりません。
　養子縁組をしてはじめて、その男性とも法律上の親子になります。

　養子縁組は、役所に届出を出すことで成り立ちます。

　あなたが15歳以上なら、養子縁組の届出にサインをするのは、あなたとその男性です【1】。
　お母さんとその男性の二人だけで、あなたにないしょで養子縁組の手続をすることはできません。
　だから、**あなたが養子縁組をしたくないのであれば、断ってよいのです。**

　養子縁組をすると、養父となった男性は、親としてあなたを育てるためのいろいろな義務を負うことになります。

　あなたの生活をきちんと見守ることはもちろん、生活費や進学費用などのお金もきちんと出さないといけません。

　男性は、そういう負担をわかったうえで、「あなたと養子縁組をして家族になりたい」と思っているのが、ふつうだろうと思います。

　その男性の思いや生活費・進学費用の負担などについて、よく考えてみてください。

　そして、よく考えてみても、「やっぱりその人と親子になるのはいやだ」ということなら、その真剣なあなたの思いは大切なものです。

　お母さんやその男性にあなたの気持ちを伝えて、養子縁組を断ってよいのです。

　あなたが14歳以下なら、養子縁組の届出にサインをするのは、お母さんとその男性です【1】。

　だけれど、養子になる本人のあなたの気持ちがないがしろにされるのでは、おかしなことです。

　あなたが養子縁組をしたくないのであれば、その気持ちを、きちんとお母さんとその男性に伝えることが大切です。

　もし、あなたが養子縁組をしたくないのに、お母さんが届出をしてしまった場合は、15歳になれば養子縁組をやめる手続きをとることができます。

　養子縁組をやめることを、「離縁」と言います。

　離縁をするときは、その男性（養父）と話し合って、一緒に離縁の届出をするのが一般的です。

　話し合いがまとまらなければ、裁判所で離縁の調停や裁判をします。

　これらのどの方法も、15歳以上になればあなた自身で考え動くことができます【2】。

　そして、その男性と養子縁組をしないからといって、あなたが家を出る必要は

ありません。
　養子縁組をしなくても（つまり、その男性と法律上の親子にならなくても）、みんなで一緒に暮らすことは、とくに問題ありません。

　でも、「その男性や新しく生まれてくる子どもと一緒に暮らしたくない」ということもあると思います。

　あなたの場合、よく行く親戚のところがあるのですよね。
　その親戚と話をしてみてください。
　もしその親戚がOKしてくれれば、その親戚とあなたが養子縁組をする、という方法もあります。
　先ほど書いたように、あなたが15歳以上であれば、養子縁組はお母さんがOKしなくても自分で考えて動くことができます（ただし、誰とでも自由に養子縁組ができるというわけではありません。原則として、未成年のうちは、「その人と養子縁組をして大丈夫かどうか」を家庭裁判所がチェックすることになっています【3】）。

　誰が自分の親になるのかは、人生においてとても大事なことです。
　それなのに、親の離婚や再婚の場面で子どもの気持ちが大切にされていないことがとても多いです。

**　自分の人生は、自分が主人公です。**
**　いろんな人の意見を聞きながら、**
**　いろんな人と話し合いながら、**
**　自分で自分の人生を選んでいってください。**

【1】　民法797条1項　「養子となる者が15歳未満であるときは、その法定代理人が、これに代わって、縁組の承諾をすることができる」

これは、逆に言うと、15歳以上ならば、未成年であっても養子縁組をするかどうかは自分で決める、ということです。

【2】　民法811条2項　「養子が15歳未満であるときは、その離縁は、養親と養子の離縁後にその法定代理人となるべき者との協議でこれをする」

これは、逆に言うと、15歳以上ならば、未成年であっても自分で離縁の手続きが取れる、ということです。

【3】　民法798条　「未成年者を養子とするには、家庭裁判所の許可を得なければならない」

例外として、あなたのお母さんとその男性が結婚した場合で、男性とあなたが養子縁組をするときは、家庭裁判所の許可はいらない、とされています。私は、この例外の規定はおかしいと思っています。再婚の場合の養子縁組でも、家庭裁判所がチェックするべきですし、子ども自身の気持ちを、家庭裁判所がきちんと確かめる手続きがなければいけないと、強く思っています。

なお、養親になる人が祖父・祖母の場合にも、家庭裁判所の許可は必要ありません。

同条但書　「ただし、自己又は配偶者の直系卑属を養子とする場合は、この限りでない」（「自己」は自分のこと、「配偶者」は、夫から見た妻、妻から見た夫のこと、「直系卑属」は、子ども・孫・ひ孫・・・のことです）。

4：父親が日本人なので
日本国籍をとりたい

　外国籍の母をもつ高校生です。でも父は日本国籍で、生まれてからずっと日本で育ってきたし、名前も日本風なので、自分の国籍は日本だとずっと思ってました。だけど、最近になって、実は、両親が結婚していなかったこと、そして、自分の国籍が日本ではなく、本名もいままでずっと使ってきた名前とはちがっていたということを知りました。私が日本国籍になることはできますか。

　　あなたがお父さんから認知されていれば、届出をして日本国籍になることができます。

　自分の国籍や名前がちがっていたと知って、とてもおどろきましたよね。

　自分が一体どんな人間なのか。
　そのことを、難しい言葉で「アイデンティティ」と言います。
　アイデンティティは、人が人であるために欠かせないものです。
　特に、子どもから大人になる時期は、自分がどんな人間なのかを考え、自分探しをするものです。
　そして、国籍や名前は、アイデンティティをかたちづくるうえで、とても大切です。

　本当のことを知っておどろき、自分のアイデンティティがゆらぐのは、苦しいことだと思います。
　そして、大人からきちんと教えてもらえていなかったことに対する悲しさやさ

みしさも、きっと感じたのではないかと思います。

　日本の国籍になるのは、お父さんかお母さんが日本国籍であることが基本的な条件です。

　「お母さんが誰か」ということは、産んだ人が誰かで決まるので、わかりやすいですよね。

　それにくらべて、「お父さんが誰か」ということは、わかりづらいときがあります。

　お父さんとお母さんが結婚しているなら、法律上は自動的に、「夫が、その子のお父さん」となります。

　あなたのお父さんとお母さんは、結婚していないのですよね。
　こういうときには、お父さんが役所に、「この子は自分の子です」と届出をします。
　これを「認知」と言います。

　日本国籍を持っている人についての情報は、市役所や区役所が、「戸籍」というもので管理しています。
　お父さんの戸籍を、役所から取り寄せてみてください【1】。
　お父さんがあなたを認知していれば、お父さんの戸籍の情報の中に、そのことが書かれています。

　あなたがお父さんから認知されていれば、18歳になる前に法務局に届出をすれば、日本国籍をとることができます【2】【3】。

　あなたは高校生で15歳以上ですから、自分で届出をします。
　14歳以下の子どもであれば、代わりにお母さんに届出をしてもらいます。

18歳になった後でも日本国籍を取るための手続はありますが、18歳になる前に届出をするほうが確実です。

届出が受け付けられれば、日本国民として、あなたの戸籍ができます。

その戸籍に、あなたがいままで使っていた名前を載せてもらうことで、その名前を本名として使っていくことができます。

認知されていなければ、お父さんに「認知してほしい」と話してください。
お父さんが応じてくれなければ、裁判所でお父さんと話し合います（「調停」と言います）。
それでもお父さんが応じてくれなければ、裁判をして判決を出してもらいます（「認知の訴え」と言います）。
そして、認知されたうえで、上に書いた届出の手続をします。

国籍というのは、
選挙権があるか、
どこの国のパスポートを使うのか、
就職のときに公務員になれるか、
これからやがて出会う人と家族になるときに、家族内の問題にどこの国の法律があてはまることになるか、など、
人生のいろんなところにかかわってくる、法律的にとても大事なことです。

いままでの人生で、本当のことを教えてもらえていなかったぶん、
これからの人生を、ぜひあなたらしく生きていってください。
そのために私たち大人も、あなたをサポートします。

【1】　本籍地の市役所・区役所の窓口で、数百円で手に入ります。「本籍地」は、家族の情報（戸籍）を管理している場所で、住所とはちがうことが多いです。本籍が分からなければ、住んでいるところの市役所・区役所で住民票を取り寄せれば、本籍地が分かります。本籍地が遠くて窓口に行けない場合は、郵便で戸籍を取り寄せることもできます。

【2】　国籍法3条1項

【3】　実は、つい最近まで、お父さんとお母さんが結婚しなければ日本国籍はとれない、認知だけでは日本国籍がとれない、ということになっていました。でも、最近では、法律的に結婚していない、いろんな家族の形が増えてきています。両親が結婚しているからその子が日本との結びつきが強くて、両親が結婚していないからその子が日本との結びつきが弱い、などというのは、もう現在では通用しない考え方です。最高裁判所は、そのような考え方に立って、以前の法律が「法の下の平等」を定めている憲法にてらしてまちがっている、とする違憲判決を出しました（最高裁大法廷平成20年6月4日判決・民集62巻6号1367頁）。この判決をふまえて平成21年から新しくなった法律が、本文で説明したものです。

憲法14条1項「すべて国民は、法の下に平等であって、人種、信条、性別、社会的身分又は門地により、政治的、経済的又は社会的関係において、差別されない」

5：在日コリアンの身分証と通称

　在日コリアンです。「16歳以上になったら、身分証のカードを持ち歩かないといけない」と聞いていたんですが、その法律が変わったと聞きました。あと、別のサイトでは、「在日コリアンは日本名の通称が使えなくなった」とも書かれているんですが、本当ですか。

　在日コリアンの人は、身分証のカードを持ち歩かなくてもOKになりました。
　また、「日本名の通称が使えなくなった」というのは、まちがいです。
　あなたが日本名の通称を使っているのなら、引き続きその名前を使えます。

　旅行や仕事などで、ちょっとのあいだだけ日本に来ている外国の人は、
　どこの誰かがすぐわかるように、パスポートを持ち歩かないといけません。
　持っていないと、それ自体が犯罪になります。

　ただ、小さい子どものうちは、書類の大切さがよくわからないし、なくさないように持っていることも難しいですね。
　だから、パスポートを持ち歩かないといけないのは16歳以上とされています。

　旅行とちがって、日本で暮らしている外国の人は、
　パスポートをいつも持ち歩くのは不便なので、その代わりに、小さな身分証のカードを持っていればOKです。
　しかし、そのカードを持ち歩かなければ、16歳以上ならやはり犯罪になります。

　あなたと同じように、在日コリアン（在日韓国・朝鮮人）の人も以前はそうでした。

　でも、在日コリアンの人たちには、他の外国の人たちとはちがった背景があり

ます。

　今から110年あまり前の1910（明治43）年、日本は、朝鮮半島（今の韓国と北朝鮮）を自分の国にして支配するようになりました。

　これを「韓国併合」と言います。

　朝鮮半島の人々は日本国籍になりました。

　それから35年後の1945（昭和20）年、日本は大きな戦争に負け、朝鮮半島は日本から独立しました。

　しかし、日本はそのとき「朝鮮半島の人々の国籍がどうなるか」について、きちんと法律を作りませんでした。

　憲法では、「国籍のことは法律できちんと決めないといけない」としているのに【1】、きちんと法律を作らずに、日本の役所が「日本の国籍を失う」としてしまったのです【2】。

　当時、すでにたくさんの人々が朝鮮半島からやってきて、日本の中で暮らしていました。

　日本が敗戦し、朝鮮が独立したとき、多くの人たちが朝鮮半島に帰りましたが、数十万人の人たちが、いろんな事情で帰れませんでした。

　そうして日本にとどまったのが在日コリアンの人たちです【3】。

　韓国併合で、一方的に国籍を日本にされ、

　その日本にやってきたのに、

　こんどは、日本の敗戦・朝鮮の独立で一方的に日本の国籍を奪われたのです。

　そういう背景があるのに、在日コリアンの人たちは「外国人だから」という理由で、日本の中でいろんな差別を受けてきました。

　国籍が日本なら、身分証を持ち歩く必要はありません。

　外を歩いているその時に身分証がなくても、その人が誰なのかは、すぐにきちんとわかるからです。

同じように、日本でずっと長く暮らしてきた在日コリアンの人たちだって、

　身分証を持ち歩かなくても、その人が誰なのかは、すぐにきちんとわかります。

　だから、「身分証を持ち歩かないと犯罪になる」という法律には、とても強い批判がありました。

　そして、1999（平成11）年に法律が変わって、「在日コリアンの人は、カードを持ち歩かなければいけないけど、犯罪にまではならない」となり、

　さらに、2012（平成24）年からは、「在日コリアンの人は、カードを持ち歩かなくてＯＫ」となりました【4】。

　なので、あなたも身分証のカードを持ち歩く必要はありません。

　在日コリアンの人は、

　韓国／朝鮮の名前で暮らしている人もいますし、

　日本名の通称で暮らしている人もいます。

　日本名の通称には、

　韓国併合で朝鮮半島の人たちの国籍が日本になったあと、

　30年後の1940（昭和15）年に、そのほとんどの人が日本名を持たされるようになったという歴史的な背景があります【5】。

　今までのカードには、韓国／朝鮮の名前と一緒に通称も書かれていましたが、

　法律が変わって、在日コリアンの人に渡されることになった新しいカードには通称が書かれません。

　そのことから、インターネットでは「通称が使えなくなった」というコメントを見ることがあります。

　でも、それはまちがいです。

　通称を使う必要があると認められた外国籍の人は、住民票やマイナンバーカードに通称を載せて使うことができます【6】。

　また、在日コリアンの人にかぎらず、日本名の通称を使っている外国籍の人はたくさんいます。

　韓国／朝鮮の名前で暮らすか、日本名で暮らすかは、
　「こうしなければいけない」という答えはありません。
　自分自身の気持ちや、まわりの状況、いろんなことをふまえて、
　自分で考え、自分らしい生き方を選んでいってください。

　今、インターネットでは、在日コリアンの人々を攻撃したり、この社会から除け者にしようとする「ヘイトスピーチ」が多くあふれています。
　「在日特権」などという言葉で、在日コリアンの人たちが何か特別な利益を得ているかのような、でたらめなデマが多く流れています【7】。

　実際には、在日コリアンの人たちが特別な利益を得ていることなどありません。
　むしろ、さまざまな不利益を受け続けてきたのです。

　人種差別撤廃条約というヘイトスピーチをなくすための世界の国々との約束の輪の中には、日本も入っています【8】。
　そして、2016（平成28）年6月には、「ヘイトスピーチ解消法」も施行されました【9】。

ヘイトスピーチをなくしていくことは、

　差別されている人々を守るだけでなく、

　「一人ひとりがお互いを尊重し合う」という、私たちの公正な社会を守ること
につながります。

　在日コリアンの子どもたちや、その他の外国籍の子どもたちが、

　子どものときも、これから先大人になっても、差別されることのない社会であ
ることが大切だと、強く思っています【10】。

【1】　憲法 10 条　「日本国民たる要件は、法律でこれを定める」
【2】　「平和条約の発効に伴う朝鮮人台湾人等に関する国籍及び戸籍事務の処理について」（昭和 27 年 4
　　　月 19 日、法務府・民事甲第 438 号民事局長通達）
【3】　菊池嘉晃『北朝鮮帰国事業』（中公新書、2009）23 頁
【4】　日本国との平和条約に基づき日本の国籍を離脱した者等の出入国管理に関する特例法 17 条 4 項
　　　「特別永住者については、入管法第 23 条第 1 項本文の規定（これに係る罰則を含む）は、適用し
　　　ない。」
【5】　「創氏改名」と言います。
【6】　住民票につき、住民基本台帳法 7 条、同法施行令 30 条の 16。マイナンバーカードにつき、マイ
　　　ナンバー法施行令 1 条 3 号
【7】　野間易通『在日特権の虚構』（河出書房新社、2013）という本で、いわゆる「在日特権」がデマ
　　　であることが、詳しく書かれています。
【8】　あらゆる形態の人種差別の撤廃に関する国際条約（人種差別撤廃条約）2 条 1 項、4 条
【9】　本邦外出身者に対する不当な差別的言動の解消に向けた取組の推進に関する法律
【10】　憲法 13 条　「すべて国民は、個人として尊重される。生命、自由及び幸福追求に対する国民の権
　　　利については、公共の福祉に反しない限り、立法その他の国政の上で、最大の尊重を必要とする」
　　　憲法 14 条 1 項　「すべて国民は、法の下に平等であって、人種、信条、性別、社会的身分又は門
　　　地により、政治的、経済的又は社会的関係において、差別されない」
　　　憲法では「国民は」という言葉が使われていて、外国の人にはあてはまらないようにも読めますが、
　　　芦部信喜教授は、「人権が前国家的・前憲法的な性格を有するものであり、また、憲法が国際主義
　　　の立場から条約および確立された国際法規の遵守を定め（98 条）、かつ、国際人権規約等にみら
　　　れるように人権の国際化の傾向が顕著に見られるようになったことを考慮するならば、外国人に
　　　も、権利の性質上適用可能な人権規定は、すべて及ぶと考えるのが妥当である。通説及び判例も、
　　　そう解する」と述べています（『憲法　第 4 版』＜岩波書店＞）90 頁。

6：お金がなくて住む場所がなくなりそう

　今17歳で2週間後に18歳になります。高校を中退して家を追い出され、バイトして暮らしてきました。ネットで知り合った人に、その人の家の部屋の一つを月4万で間借りさせてもらっています。でも、時々メンタルが落ちてシフトに入れず、お金が足りません。先月と今月、家賃が払えなくて、その知り合いから「来週にでも出て行ってくれ」と言われました。これからどうしたらいいか、その不安でまたメンタルが落ちてバイトに行けず、ますますお金がなくなっています。

とても厳しい状況ですね。

住む場所、自分の居場所がきちんとある、ということは、とても大事です。
未成年のうちは、親の協力がなければアパートを借りるのが本当に難しいので、
あなたが知り合いの部屋から追い出されるのは、とても不安だと思います。

「来週に」出て行くように言われているのですね。
でも、いきなり来週に部屋を出る必要はありません。

　知り合いから部屋を借り、家賃として4万円を払っているのは「賃貸借」という契約、つまり法律的な約束ごとです。
　契約書という紙を作っていなくても、
　未成年のあなたが親のOKをもらっていなくても、
　契約として、きちんと成り立っています。

　借り手のあなたが、「家賃を払う」という約束を守れなかったらどうなるか。

住む場所がなくなるのは、生活・人生の中でとても大変なことです。

借り手は貸し手よりも立場が弱いので、法律は借り手のことを守っています。

家賃を払うのが少し遅れていたり、1、2回払えていなかったりしても、それだけでは、貸し手は「約束違反だから部屋から出て行け」とは言えません。

貸し手と借り手のあいだの信頼関係がこわれるほどの大きな約束違反があって、はじめて「部屋から出るように」という話になるのです【1】。

あなたは、家賃が払えていないのが2ヶ月ぶんですし、

払えない理由も、心の調子をくずして働くことができないからですよね。

その他に、知り合いとの信頼関係がこわれるような特段のことがないのなら、

今、あわてて部屋を出る必要はありません。

その知り合いと、ゆっくりきちんと話し合って下さい。

話し合いがまとまらないまま、あなたを出て行かせるには、知り合いが裁判の手続きをとる必要がありますし、それには時間がかかります。

裁判所の手続きをとらないで、あなたの荷物を勝手に外に出したり、部屋の鍵を変えたりして追い出すことは許されません。

もし、知り合いがそういうことをしたら、すぐに弁護士に相談してください。

「家賃を払うためにどこかからお金を借りよう」と考えたかもしれません。

「親のOKがなくても未成年の人にお金を貸します」という業者も、中にはあります。

でも、そういった業者からお金を借りてはいけません。

そうした業者は、利息が高いのです。

借りたお金（「元本」といいます）につく利息がふくらんでいき、結果として払わなければいけない額が増え続け、生活がますます苦しくなります。

未成年の人が親のOKなくお金を借りたら、「親のOKがなかった」という理由でそのお金の貸し借りをナシにできるのですが、

たとえ貸し借りをナシにしても、生活費として使ったぶんは結局、業者に返さないといけません。

もし、すでに業者からお金を借りてしまっているなら、すぐに弁護士に相談し

てください。

弁護士が、借金の額を減らしたり、分割して返すように約束をし直す交渉をします。また、借金をナシにする「破産」の手続きを裁判所でとることもできます。

親の協力がなければ18歳になるまで待たないといけない手続もありますが、未成年であっても弁護士がサポートできることをぜひ確認してみてください。

大人であれば、「一時的に緊急にお金が必要」という時にきちんとしたところからお金を借りられます。

困っている人をサポートする社会福祉協議会が貸してくれる「緊急小口資金貸付」という制度です。

ところが、この制度も未成年だと親の協力がなければ使えません。

「未成年が契約するときに親のOKが必要」と法律が決めているのは、子どもを守るためです。

それなのに、あなたのようなケースで、親のOKがないことを理由に、困っている子どもがきちんとしたところからお金を借りられないのは、ほんとうにおかしい、本末転倒だと私は思っています。

17歳までは、児童相談所があなたをサポートしてくれます。「189」に電話をかけて、相談してみてください。

あなたは2週間後に18歳になるということでしたね。

生活を立て直すまでのあいだ、人としてきちんとした暮らしを送れるようにするために、生活保護という制度があります。

どんな人も、健康で文化的な最低限度の生活を送ることができる権利を持っています（「生存権」と言います）。【2】

生活保護は、その生存権を保障するための、国のしくみです。

給料で暮らしていくのに足りないぶんを、生活保護がカバーします。

市役所や区役所に申請をしてから実際に生活保護が始まるまでの期間は、原則2週間ですが伸びると30日かかります。

それを待っている間にお金の余裕がなくなってしまわないよう、申請は早めに

するようにしてください（市区町村によっては、実際の生活保護が始まる前にお金を「緊急払い」してくれるところもあります）。

　申請が自分ひとりではなかなかうまくいかないなら、弁護士があなたと一緒に役所と話をすることもできます。

　少なくとも生活保護が認められるまでは、引き続き今の部屋にいさせてもらえるように、知り合いに話をしてみましょう。

　どうしても難しいようなら、事情を役所に話し、部屋を出て当面の間寝泊まりできるところを役所に確保してもらいましょう。

　生活保護を受けながら、自分でアパートを借りたり、自立をサポートする施設に入ったりして、これからの生活を立て直していくことができます。

　お金は、生きていくうえでとても大事なものです。

　そのお金のせいで生活や人生がおしつぶされないようにするために、法律や制度があります。

　住む場所をきちんと確保し、不安を減らして心の健康を取り戻せるよう、すぐに弁護士に相談してください。

【1】　「信頼関係破壊理論」または「信頼関係の法理」と呼ばれています。
　　　最高裁判所第三小法廷昭和 39 年 7 月 28 日判決・民集 18 巻 6 号 1220 頁
【2】　憲法 25 条 1 項「すべて国民は、健康で文化的な最低限度の生活を営む権利を有する」

7：離れている親のこと

あるテレビ番組で、「妻が別れた夫のことを子どもに話さなくてもいい」と言った弁護士がいたのだそうです。

私は、「それはまちがいだ、子どもに話す必要がある」と思います。

子どもは親の情報を知ることができますし、離れている親と会ったり連絡したりすることもできます。

日本をふくむ世界の国々が、子どもの権利条約でそう確認しています。【1】

自分は一体どんな人間なのかということを、難しい言葉で「アイデンティティ」といいます。

アイデンティティは、人が人であるために欠かせないものです。

そして、「親が誰で、どういう人か」ということは、アイデンティティをかたちづくるうえで必要なものです。

子どもから大人になるあいだの自分さがしをする時期に、親のことを知りたいと思うのは、自然で大切な気持ちなのです。

役所は、家族の情報を「戸籍」というもので管理しています。

その戸籍をむかしにさかのぼっていくと、親の情報がわかることが多いです。

でも、いきなり戸籍を取り寄せたりせず、まずは、育ててくれている親に自分の気持ちをきちんと伝えることが大切です。

育ててくれていることへの感謝の気持ちとあわせて、もう一人の親のことを知りたいんだという気持ちを伝えてみましょう。

もしあなたが、「離れている親のことを知りたいけれど、どうすればいいだろう」と悩んでいたら、弁護士やまわりの大人と一緒に考えてみませんか。

【1】　児童の権利に関する条約（子どもの権利条約）7条1項「児童は…できる限りその父母を知りかつその父母によって養育される権利を有する」
　　　同条約9条3項「締約国は、児童の最善の利益に反する場合を除くほか、父母の一方又は双方から分離されている児童が定期的に父母のいずれとも人的な関係及び直接の接触を維持する権利を尊重する」

8：親子の縁を切ると言われた

　親から、「親子の縁を切る」、「戸籍から抜く」と言われたことはありますか。

　そう言われるのは、とてもさみしい、悲しいことですよね。

　でも、法律的に親子の関係を切ったり戸籍から抜いたりすることは、よほど特別なことがないかぎりできません。

　子どもが生まれて役所に届出をするとき、親が誰かということも届け出ます。

　その届出をしたら、後になって「やっぱり親子の関係をやめます」ということはできません。

　あなたが結婚して、その家を出ても、

　あなたがどこかに養子に行って、その家を出ても、

　あなたか親のどちらかが死んだとしても、

　法律上親子のつながりがあるということは、ずっと変わりません。

　親子の関係を切ることはできないのです。

　子どもが18歳になるまでの間、責任をもってその子を育てる人のことを、「親権者」と言います。

　この親権者をやめますということも、裁判所はよほどの事情がなければOKしません。

　もし、いろんな事情で親が親権者でなくなっても、法律上親子のつながりがあるということ自体は、やはり変わりません。

　また、戸籍から抜くということも、ほぼ不可能です。

　戸籍というのは、一人ひとりの情報を家族単位で役所が管理しているものです。

　子どもが親の戸籍から抜けるのは、ふつうは、子どもが結婚したときか養子に行ったときです。でも、結婚も養子縁組も相手のいることですから、簡単にできるはずがありません。

結婚や養子縁組をしなくても、親の戸籍から抜けて自分一人だけの戸籍を作る「分籍」という方法がありますが、子どものときにはできません。

　そもそも、戸籍は一人ひとりの情報を管理するための単なる道具にすぎませんから、たとえ結婚や養子縁組、分籍などで戸籍が別々になっても、法律上の親子のつながりはまったく切れません。

　いままで書いたとおり、親子の縁を切るということも、戸籍から抜くことも、ほぼ不可能なのです。

　親は、「それが法律でできるかどうか」ということまできちんと考えずに、「これ以上自分の子どもとして育てていくことがいやになった」という気持ちになって、その時のいきおいで「縁を切る」「戸籍を抜く」と言ってしまっていることが多いと思います。
　「大切に思っているあなたに、きちんとした人に育ってもらいたい。なのに、あなたにそうしてもらえない」。
　その怒りから、つい言ってしまうのだと思います。
　本当は、子どもを大切に思っているなら、たとえ怒っているときでも「縁を切る」「戸籍を抜く」という言葉で子どもにさみしく悲しい気持ちにさせてはいけない、と私は思います。
　でも、大人でも、自分の気持ちを相手に伝えるのがちょっとうまくいかないときもあります。
　お互いが気持ちを分かりあえるように、話ができるとよいと思います。

　一方で、親が子どものことを大切に思っていないケースも、残念ながらあります。
　もし、あなたが親の言葉で深く傷つき、家の中にまったく居場所がないと感じているようなら、ぜひ、まわりの大人や私たち弁護士に相談してください。

9：名前を変えたい

親が付けた名前のせいで、まわりから、からかわれたことはありませんか。
自分で選んだわけでもない名前で、からかわれるのは、とてもつらいですよね。
だから名前を変えたいと思ったことも、あるかもしれません。

あなたの名前は、役所が「戸籍」というもので管理しています。

その戸籍の名前は、裁判所がＯＫすれば変えることができます。
あなたが 15 歳以上なら、自分自身で手続をします。

ただ、名前を変えることを裁判所がＯＫするのは、そんなに簡単ではありません。名前が自由気ままに変えられるとしたら、誰が誰だかわからなくなって、社会が混乱してしまうからです。
　名前を変えるには "今の名前では社会生活がとてもこまる" という理由が必要です。

　実は、名前の漢字はそのままで読み方を変えるだけなら、裁判所の手続は必要ありません。
　法律には、「どの漢字を名前に使っていいか」というルールはありますが、
「その漢字をどう読むか」というルールは特にありませんし、戸籍に名前の読み方は書かれません。
　だから、読み方を変えるだけなら、基本的に自由にできるのです。

　また、戸籍の名前はそのままで、ふだんの生活の中ではできるかぎり別の名前（通称）を使って暮らしていくという生き方もあります。
　そして、その名前でずっと長い間暮らしていれば、将来、その名前に変えることを裁判所がＯＫしてくれる可能性も高まります。

でも、名前を変えることを考える前に、まずは、親がどんな気持ちでその名前を付けたのか聞いてみてください。

　そして、今、名前でつらい思いをしていることを、親にきちんと伝えてみてください。

　名前は、親からの人生で最初のプレゼントです。

　そして、死ぬまで一生ずっと使い続けます。

　この世に生まれてきてくれた喜びと、

　「こういう素敵な人間になってほしい」という願いを込めて、

　親は、一生懸命考え、子どもの名前を決めています。

　「この世界の中で、たった一人のかけがえのない特別な存在として、輝いてほしい」。

　他の人とちがったちょっと変わった名前には、親のそういう大切な願いが込められていることが多いと思います。

　この社会は、さまざまな人たちがお互いのちがいを尊重し合うことで成り立っています。

　大人の社会では、他の人とちがっているほうがプラスに働くことも多くありますし、自分の珍しい名前を誇りにして生きている人は、自分が他の人とちがっていることを大事にし、一人ひとりがちがっていることを尊重できる、そんな素敵な人が多いです。

　ところが、お互いを尊重し合うことの大切さを学んでいない子どもたちのあいだでは、少しでもちがうところがある子を、いじめたりからかったりすることが起きてしまいます。

　これは、まったくおかしなことです。

　親やいろんな大人たちに相談してみてください。

　あなたが今つらい思いをしている原因、本当に変えなければいけないものは、あなたの名前ではなく、あなたのまわりのほうかもしれません。

10：お年玉

お正月にもらうお年玉の話です。

あるテレビ番組で、「親が子どものお年玉を使っても問題ない」と言っていたそうですが、それはまちがいです。

親戚からもらったお年玉を、お父さんが「預けなさい」というので預けていたら、いつのまにかお母さんが冷蔵庫を買うために使ってしまった、という場合を考えてみましょう。

18歳になるまでは、子どもの財産を「親権者」が管理することになっています。

人は、本来、自分の財産を自分で管理し、好きなように使っていい、という自由があります。

でも、経済のしくみはとても複雑です。

経済のしくみがわかるようになるまでの子どものときや、お年寄りになって判断する力が弱くなってきたときなどは、他の人にだまされて、財産をうしなったり大きな借金を負わされたりする危険があります。

だから、法律はそういう人のために、財産を管理するサポーターをつけています。

子どもの場合は、「親権者」がそのサポーターです。

ですから、お父さんが「お年玉を預けなさい」と言うのは、法律的に正しいことです。

子どもがお年玉をむだづかいしないように守る義務が、親にはあるのです。

ただ、ふだんのお小遣いは、自分で管理して自分で使っていますね。

また、中学生・高校生・大学生にもなってくると、自分で管理する金額も大きくなってきます。

法律は、「親が許したぶんについては、子どもが自由に使っていい」としています。

　「子どもがだまされてお金を失うことはないだろう」、「お金の使い方をここで学んでもらおう」ということを、金額の大きさや子どもの年齢に応じて、親が考えていくしくみになっているのです。

　お母さんが冷蔵庫を買うために子どものお年玉を勝手に使うのは、法律的にまちがっていることです。

　親が子どもの財産を管理するのは、あくまでその子どものためです。

　管理を任されている人は、その人の財産と自分の財産とを、ごちゃごちゃにしてはいけないのです。

　親戚は、お年玉を、その子が自分のために使ってほしいというつもりであげたはずです。

　もらった子どもも、そのお年玉を、自分のために使いたいと思って、実際に使うまでの間、親に預けていただけのはずです。

　お母さんは、「冷蔵庫は子どもも使うんだからいいじゃない」と言うかもしれません。

　でも、冷蔵庫は、ふつう、親が家計の中でやりくりして買うものです。

　もし、家計に余裕がなく、お年玉からお金を出してもらいたいと思うなら、そのことをきちんと話し合い、子ども自身が納得してからにしなくてはなりません。

　そういう話し合いなしに親が勝手に使ってしまった場合は、親から返してもらうことができます。

　自分の財産を大切にできる人は、他の人の財産もきちんと大切にできるようになります。

　お金の話を細かくするのはいやらしいと言う人もいますが、お金をきちんと管理し、大切にすることは、人として大事なことです。

　それは、子どもであっても、大人であっても、同じことだと思います。

11：小遣い値上げ交渉のコツ

　お小遣いを上げてもらいたいと思ったことはありませんか。
　お小遣いを値上げしてもらう親との交渉では、大事なコツが２つあります。

　相手から何かを引き出したいとき、自分の話をいくらしても、相手にはひびきません。
　人が動こうと思う多くの場合は、
　「ここで動かないと自分にマイナスになる」と思ったときか、
　「ここで動けば自分にプラスになる」と思ったときです。
　これがひとつめのコツ、「相手にとってのマイナス・プラス」です。

　相手が法律に違反していれば、「あなたがきちんと動かないと、裁判になって、財産をとられたり、処罰されたりしますよ」というマイナスを伝えるのは、とても強い交渉カードになります。
　でも、お小遣い値上げ交渉には、このマイナスカードが使えません。
　親には子どもを育てる義務がありますが、お小遣いとして現金を渡すことは、義務ではないからです。
　なので、「お小遣いの額を上げたほうが、自分にとってプラスになる」と、親に思ってもらう必要があります。

　お金は、仕事をしてかせぐものですね。
　そこから、例えば、「家事を手伝うから、値上げしてほしい」と提案すれば、親に「プラスだ」と思ってもらえるかもしれません。
　お小遣いには、「子どものうちからお金の使い方を学んでほしい」という思いも込められています。
　そこから例えば、お小遣い帳をしっかりつけて、むだづかいをしていないことを記録し、今後のお金の使い方の見通しも説明することが考えられます。

そうすれば、親にとって、子どもの成長を実感でき、「額を増やして、さらに学べるようにしよう」と、プラスに思ってもらえるかもしれません。

　そして、実際に親と交渉するとき、「お金が足りなくて困ってる」、「家事を手伝います」、「きちんとお金を管理してきたし、今後もきちんとします」と言っても、親に気持ちは伝わりません。
　これらは、自分のことを一方的に言っているだけの「わたしメッセージ」です。

　自分の気持ちを相手に理解してもらいたいなら、まず自分が相手の気持ちを理解しなければいけません。
　「あなたはきっと、〜〜と思っていますよね」と伝えること。
　そういう「あなたメッセージ」が、話し合いをスムーズに進めるために大切なのです。
　これがふたつめのコツ、「わたしメッセージ・あなたメッセージ」です。

　家計に余裕がない中でお金を渡す、親のしんどさ。
　値上げを求められたときの、親のとまどい。
　むだづかいするのではという、親の心配。
　きちんと成長してもらいたいという、親の願い。
　そんな親の気持ちを想像して、例えば、「大事なお金をやりくりしながら、いつもお小遣いをくれてありがとう」とか、「額を上げてほしいって言われたら、やりくりがもっと大変になるし、むだづかいするんじゃないかと心配になるよね」というふうに、「あなたメッセージ」にして伝えてみてください。

　今まで書いた2つのコツは、どちらも「相手の立場に立ってものごとを考える」という姿勢が基本にあります。
　この姿勢は、これから先、社会の中でいろんな人たちと一緒に生きていくために、様々な場面で絶対に必要となることです。
　今回の交渉がうまくいかなかったとしても、その姿勢が身につくことで、あなた自身の良さ（人間力）がしっかりと増してくると思います。

解説 ……… 渡辺 雅之

　人間は誰しも、赤ちゃんとして生まれます。それから少年期や思春期、そして青年期を経て「大人」になっていきます。このことについて、ルソー（教育学者）は「人は二度生まれる」と言いました。一度は母親から赤ちゃんとして、二度目は自立した青年として。これを思春期といいます①。一般的には、小学校高学年から高校生くらいまでですが、この時期は親やまわりの大人がウザい存在になって、反抗したくなることもあります。そのために家の中で色々と親や兄弟とトラブルになることも珍しくありません。まわりには「家族みんなで仲良く暮らす、あたたかい家庭」があるように見えるかもしれません。それに比べて「自分の家ときたら…、自分の親は…」そんな思いが胸をよぎる人もいるでしょう。しかし、はたから見たら絵に描いたようなしあわせ家族だとしても、実際には色々な問題を抱えているものです。血がつながっていても（いなくても）、人間が一緒に暮らすということは、同時に "様々な「問題」を抱えることでもある" ということを頭に入れておいて下さい。

　しかし、そうは言っても、家庭内暴力や、離婚・再婚など深刻な問題は子どもではどうしようもないものです。そうした場合は、この章で繰り返し書かれているように、一人で背負わないことが何よりも大切です。**頼ること、相談すること、助けてもらうことは子どもの権利です**。とくに、国籍や戸籍などの問題は大人の力を借りなければ、解決が難しい問題です。**4** ではとくに、アイデンティティについて触れられています。易しく言えばそれは、「自分は●●である」、「自分はこういう人間である」という自分自身のよりどころのようなことだと思います。それは、人が人であるために欠かせないものです。

　小さい子どもは、よく「僕はどうやって生まれたの？」と聞くことがあります。それは性行為や生命誕生のメカニズムを知りたいわけではなく、「自分は何ものか」を知りたいということなのだと思います。実は、子ども・大人にかぎらず人間にとって、アイデンティティというのはとても大切なものなのです。中でも、国籍や名前などは、アイデンティティをかたちづくるうえで大切なことは言うまでもありません。しかし、これが踏みにじられるようなことが起きています。例えば「ヘイトスピーチ（差別扇動表現）」がそれにあたります②。

　今、インターネットでは、在日コリアンの人々を攻撃したり、この社会から除け者にしようとする「ヘイトスピーチ」が多くあふれています。「在日特権」などと

いう言葉で、在日コリアンの人たちが何か特別な利益を得ているかのような、でたらめなデマが多く流れています。【5：在日コリアン】

　この問題を詳しく見ていくことにしましょう。なぜならこの問題は当事者であるマイノリティ（少数派）だけではなく、マジョリティ（多数派）である日本人にも大きく関係することだからです。

　2016年7月26日、神奈川県相模原において、多くの知的障害者を殺傷する前代未聞の事件（ヘイトクライム）が起きました。ヘイトクライムとはヘイトスピーチが、刑法犯罪化したものであり、絶対に容認してはならないものです。

　この事件がヘイトクライムである理由は、障害者という属性に対して向けられた犯罪だからです。殺人などの犯罪は一般的には、特定個人への恨み（うらみ）などが引き金になることが多いのですが、今回はひとくくりにした「属性」そのものに向けられたという意味では極めて特異なものであり、その恐ろしさは際立っています③。命の重さ（価値）という点ではすべての人は同じなのに、相模原の事件の容疑者は、「障害者は不幸を作ることしかできない」（衆議院議長あての書簡）「知的障害を持つ人は社会に負担をかけ、生きる価値がないから殺す」と言ったそうです④。さて、この問題の本質はなんでしょうか。

　人はこの世に生まれ落ちた時から、姿・形、声、性別……何からなにまでみんなちがいます。当たり前のことですが、誰一人同じ人間はいません。下の図をみてください。

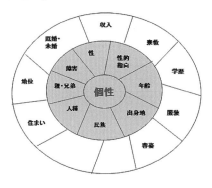

※森田ゆり『多様性トレーニング・ガイド』
（解放出版社、2009）掲載図を元に作成

　人は色々な要素が集まって人格として形成されていることを表した図です。内側の円と外側の円のちがいはなんでしょう？　内側の円は「変更できないもの＝出自・属性」です。一方、外側は自分で選んだり変えることが可能なものですね（空白には何が入るでしょう⑤）。これらの要素の集まったものが「個性」であり、一人の人間です。森田さんは次のように言います。

たとえば障害のあるＡさんにとっての障害はＡさんという個性を構成する一つの要素に過ぎない。障害以外にもＡさんには性別・人種・容姿・性格・気質などの様々な構成要素がある。にも関わらずＡさんがその障害によってのみ判断されたり評価されることは、Ａさんを一人のトータルな人間として見なしていないことになる。

　この人は同性愛者、この人は障害者、この人は中卒、この人は部落民としばしばこの線は人にレッテルを貼り、線の中の人はこうだ、ああだとステレオタイプ・偏見を生む。あの人は太っているから怠惰なんだ、外国人だから信用できない、ホームレスだからこわい、とかの偏見をもつことで自分はこの人たちとはちがうと一線を引く。自分はあの人たちとはちがう普通のまっとうな人間だと思うことで（　　　１　　　）を得たり、（　　２　　）を得たりする。まっとうな平均的人間という幻想があって、それからはずれる人は生きづらくさせられてしまう社会が温存される。人は他者を枠内に閉じ込め、自分はその人たちとは一線を画すのだと思い込むことでまぼろしの（　　　Ｂ　　　）を手に入れようとするのである⑥。※（　　１　　）（　　２　　）の答えは最後に。

　差別とはこのように人（他者）を、ひとつの目立つ要素で「その人のすべて」と決め付け、不当な扱いをすることであり、ヘイトスピーチはその典型なのです。「○○人はこうだ！」など自分で変えることができない出自や属性そのものを攻撃します。そしてその攻撃性は、必ず力の強いものから弱いもの（社会的弱者）に対して向けられます⑦。

　人はみんなちがうから面白く、いろんな人がいる（多様性）からこそ、世の中は豊かなのに…。

どうしてこんなことが起きてしまうのか。どうすればなくすことができるのか。これらは私たち一人一人と私たちの住む社会に向けられた、重くそれゆえにとてもとても大切な問いです。

　2016年5月に「ヘイトスピーチ解消法」が出来たことによって、世論が動き、行政の対応もずいぶん変わりました⑧。しかし、まだまだこの社会には差別がたくさん残っています。良くも悪くも今の状況は、私たちの社会そのものを表しており、

どんな未来にするかは私たち一人一人の手にかかっているのです。アメリカで差別とたたかい凶弾に倒れたキング牧師は次のような言葉を残しています。

Our lives begin to end the day we decide to become silent about things that matter.
問題になっていることに沈黙（ちんもく）するようになったとき、
我々の命は終わりに向かい始める。

　一緒にこうした問題を考えていきませんか。山下さんが言うように「ヘイトスピーチをなくしていくことは、差別されている人々を守るだけでなく、"一人ひとりがお互いを尊重し合う"という私たちの公正な社会を守ること」につながるからです。

答え（　1　）優越感　　（　2　）安心感

※本解説は「ヘイトスピーチって知ってる？　2016, Smash Hate Project」を参照して書きました。

① この苦しみを、ドイツでは「疾風怒濤」- 青年期を理性で抑制できない激情の時期であると定義しました。
② ヘイトスピーチとは、自分では変更不可能な出自・属性に対して向けられる憎悪を元にした差別表現の総称を指します。
③ ナチスによるユダヤ人ホロコーストやルワンダ虐殺と根本は一緒です。どんなユダヤ人であるかとか、どんなツチ族であるかはまったく関係なく、それこそ個々の関係性を抜きにして殺人行為に及ぶのがヘイトクライムであり、それが拡大してしまったものがジェノサイド（大量虐殺）です。
④ ナチスの優生思想の影響を受けていると報道されています。
⑤ 「職業」とか「趣味」などが入りそうですね。他にどんなものがあるか各自、考えてみてください。
⑥ 森田ゆり『多様性トレーニング・ガイド』（解放出版社、2009）p14、p86
⑦ 子どもや在日外国人、障害者、性的マイノリティなどは社会的弱者と呼ばれます。しかし、彼らは人間として弱いから弱者なのではなく、社会的な力関係の中で差別され、弱い立場に置かれているから弱者なのです。本質的には弱者ではないにしても、ヘイトスピーチが繰り返されれば、人としての尊厳や誇りが回復不可能なほどに傷つき、いつのまにか抵抗する力を奪われてしまいます。これは陰湿ないじめを執拗に受け続けた子どもが自らの命を絶ってしまうほどに追い込まれてしまうこととそっくりです。
⑧ 2016年6月5日、神奈川県川崎で計画されていた「ヘイトデモ」は市民の抗議活動を警察が現場で受け入れる形で中止になりました。その判断の根拠は成立したばかりの「ヘイトスピーチ解消法」でした。その様子は、ニュース番組などでも報道されました。

第 3 章

性

1：妊娠してしまって
どうすればいいかわからない

　高校2年生のA美とB太です。A美が妊娠してしまいました（コンドームなどで避妊はしていませんでした）。自分たちはこれからどうすればいいのか、途方に暮れています。親はもちろん誰にも相談できません。

　子どもを産むか、中絶するか、どちらも大事な選択です。
　いろんなことを理解したうえで、二人でよく話し合い、そして最後は必ずそれぞれの親とも話し合って、決めて下さい。

　子どもを産むと決めたら、法律ではどうなるでしょうか。

　二人は結婚していませんから、生まれてくる子どもは、A美さんの子どもとして、A美さんの戸籍に入ります。

　その子の父がB太君にまちがいないなら、役所に「自分が父です」という届出をします。
　これを「認知」といいます。
（生まれてくる前に認知をすることもできますし、生まれた後ですることもできます）。

　でも、実は生まれてくる子どもに対して、親としての法律上の権利や義務を持つのは、A美さんでもB太君でもなく、A美さんの両親なのです【1】。
（A美さんが18歳で成人するときまでは、そうなります）。
　ですから、A美さんの両親にないしょで産むと、いろんな問題が起きてしまうのです。

父であるB太君は、生まれてくる子に、きちんと責任を負う必要があります。

A美さんと結婚していなくても、A美さんや子どもと一緒に暮らしていなくても、その子が育つために必要なお金、「養育費」をずっと払っていかなければなりません。

養育費を払いたくないから、認知をしないとか、養育費の話し合いをしない、とB太君が逃げることはできません。

（A美さんの側から、B太君に対して認知をするよう裁判所に訴えることができます）。

養育費の話し合いがまとまらないときは、裁判所が金額を決めます。

それでもB太君が養育費を払わなければ、アルバイトの給料や貯金などが強制的に差し押さえられます。

子どもが生まれれば、A美さんの家族にとっても、B太君の家族にとっても、新しい「親族」が増えることになります。

将来、親族のうち誰かが亡くなったときの、遺産の分け方にもかかわってきます。

では一方、子どもを産まないと決めたら、法律ではどうなるでしょうか。

みなさんは、「子どもを堕ろす」という言い方をよくしますが、私は命を軽く扱うその言い方はしたくありません。

人工妊娠中絶、あるいは単に中絶、といいます。

中絶をすることは、犯罪とされています【2】。

でも、経済的なことを含め、いろんな事情があるときには、中絶をすることが認められています【3】。

法律的には、A美さんの判断だけで中絶ができます。

しかし、実際には、病院は、A美さんの親や、B太君、B太君の親にも、中絶

手術についての同意をもとめてくるところがほとんどです。

　何かトラブルになったときに病院がまきこまれないように、法律では必要とされていない人の意見まで確認しておく病院がほとんどなのです。

　このことは逆にいえば、それだけ、中絶について家族ときちんと話をしておかなければ、トラブルが起きることが実際に多いということです。

　また、妊娠22週（＝妊娠6ヶ月）を超えると、中絶をすることは法律上できません【4】。

　実際に中絶をしたら、胎児はどうなるでしょうか。

　妊娠12週（＝妊娠4ヶ月）以降のときは、「死産」として届け出て、きちんと埋葬しなければいけません。

　それ以前となると、地域によっては火葬するところもありますが、現状では、医療廃棄物として取り扱われるところが多いです。

　中絶にかかる費用を男性が全部払うのか、二人で半分ずつ払うのかは、話し合って決めます。

　最近では、支払いをしなかった男性に対して、2分の1を支払うようにはっきりと命じた裁判所の判決も出ています【5】。

　A美さんのお腹の中に宿っている命は、小さいけれども、大切な命です。

　「だから、命を大切にしたいからこそ、産むんだ」、という考えもありうると思います。

　けれど、命を大事にするということは、産むことだけで終わるのではありません。

　その子が大人になるまで、ずっとずっと長い間、その命を大切にしていかなければならないことも、考えてみてください。

　二人はまだ高校生で、自分探しをしている時期です。

　やがて自分探しが落ち着いて、その自分自身を心から大切にできること、そし

て、相手のことも、同じように心から大切にできるようになること。

あなたは、「そんなこと、今でもできています」、そう思うかもしれません。

でも、これから学校の中でもっと学び、そして働いてお金をかせいでいく中で、それらの意味を、もっと深く分かることが多くなってきます。

そういうふうにして、自分と相手とをもっと大切にできるようになってから、新しく迎え入れる命を大事にしていくという生き方にも、じっくりと思いをめぐらせてみてください。

残念ながら、お父さんもお母さんも若すぎて、まだ自分と相手のことも大事にできず、生まれてきた子どもをきちんと育てられなくて保護しなければならないというケースを、私自身がたくさん見ています。

子育ては、二人だけではできません。

どんな夫婦でも、それぞれの家族、地域、いろんな人たちに支えられながらがんばっています。

子育てをまわりから支えてもらうことは、恥ずかしいことなどではありません。

むしろ、絶対に必要なことなのです。

二人はまだ高校生ですから、他の夫婦以上に、みんなに支えてもらわなければなりません。

　だからこそ、もし産むのであれば、家族にきちんと話して、協力してもらう必要があります。

　私が関わったケースで、二人とも本当にまだ若かったですが、まわりの大人たちとよく話し合い、子どもを産んだことがありました。

　二人はずっとみんなに支えられながら、今も立派にお父さん・お母さんをしています。

　私はこの二人のことがとても誇りです。

　ただ、他の子どもたちも、その二人と同じようにがんばれるかというと、そんなに簡単なことではないとも感じています。

　他方で、中絶をすることも、軽い気持ちで決めてほしくありません。

　中絶は、Ａ美さんの体に負担をかけるだけでなく、心を深く傷つけます。

　もし、中絶を選ぶこととなったとしても、その苦しみをＡ美さん一人だけが背負うのではなく、Ｂ太君もきちんと分かち合わなければいけません。

　悩んでいるあいだに、中絶できる時期を過ぎてしまい、誰にも相談できないまま、子どもを産んでそのまま死なせてしまう。

　それだけは、絶対にしてはいけません【6】。

　あなたたち自身で育てられなくても、

　その子を、他の夫婦の子どもとして育ててもらう、「特別養子縁組」というしくみもあります【7】。

　産むとしても、中絶するとしても、どちらにしても大事なことです。

　今まで私が書いたことを、二人でよく話し合ってみてください。

　そして、できるだけ早いうちに必ず、親と一緒に話し合って下さい。

　今回のことをきっかけにして、

自分が家族から大切にされているか、

　自分は家族を大切にしているか、

　自分自身を大切にしているか、

　そして、パートナーを大切にしているか、

　そのことを、あらためて見つめ直してみてください。

　セックスは、人間として大切なコミュニケーションの一つです。

　だからこそ、これからは、そのコミュニケーションの結果で自分自身や相手が苦しみ悩んでしまうことのないようにしてほしい、と私は願っています。

　そして、「本来、大人の私たちには、そのメッセージをきちんと子どものみなさんに伝えていく責任がある」と私は思っています。

【1】　民法 833 条　「親権を行う者は、その親権に服する子に代わって親権を行う」
【2】　刑法 212 条　「妊娠中の女子が薬物を用い、又はその他の方法により、堕胎したときは、1 年以下の懲役に処する」
【3】　母体保護法 14 条　「…指定医師…は、次の各号の一に該当する者に対して、本人及び配偶者の同意を得て、人工妊娠中絶を行うことができる。
　　　一　妊娠の継続又は分娩が身体的又は経済的理由により母体の健康を著しく害するおそれのあるもの
　　　二　暴行若しくは脅迫によって又は抵抗若しくは拒絶することができない間に姦淫されて妊娠したもの」
【4】　母体保護法 2 条 2 項、平成 2 年 3 月 20 日付厚生省発健医第 55 号
【5】　東京高裁平成 21 年 10 月 15 日判決・判例時報 2108 号 57 頁
【6】　保護責任者遺棄致死罪や、殺人罪などになります。
【7】　民法 817 条の 2 第 1 項　「家庭裁判所は、次条から第 817 条の 7 までに定める要件があるときは、養親となる者の請求により、実方の血族との親族関係が終了する縁組…を成立させることができる」
　　　同法 817 条の 7　「特別養子縁組は、父母による養子となる者の監護が著しく困難又は不適当であることその他特別の事情がある場合において、子の利益のため特に必要があると認めるときに、これを成立させるものとする」

2：自分の男の体がいやで性別を変えたい

　中学1年生です。ずっと前から、自分は女の子だと思っていて、自分の体が男なのがいやでした。最近は声が低くなったりしてきていて、いままで以上につらいです。親や先生からは「もっと男らしくしなさい」と言われるし、クラスでは「おかま」とからかわれたりすることもあって、誰にも相談できません。性別を変える法律があるってテレビで聞いたことがあるんですが、どうやったら変えられるんですか。

　赤ちゃんから成長し、物心がついてくるようになると、
　体が男の子でも、「自分は女の子だ、女の子として暮らしたい」という強い気持ちがずっと続く子どもや、
　体が女の子でも、「自分は男の子だ、男の子として暮らしたい」という強い気持ちがずっと続く子ども、
　そういう子どもが、必ずいます。

　10代になると、体が大人の仲間入りを始め、社会の中で性別による役割のちがいを実感することが多くなります。
　そのころになると、自分の体の性別への違和感、自分の体がいやでたまらないという苦しさは、ますます大きくなっていきます。

　あなたも、心と体の性別のちがいでつらい思いをしているのに、
　家族にも先生にも相談できず、友だちからもからかわれて、一人ぼっちに感じる、
　二重に苦しい毎日を送っているのですよね。

　あなたのように、心と体の性別のちがいのために苦しさをかかえている人を、「トランスジェンダー」といいます【1】。

また、「性同一性障害」という言葉も、聞いたことがあるかもしれません。

これは、医学の言葉です。

世界中のお医者さんが使っている共通の基準を満たしていると、「性同一性障害」と診断されます（最近は「障害」ではないという理解が広まり、医学でも「性別違和」という言い方をします）。

「性別を変える法律」は、2003（平成15）年にできました【2】。

一定の条件を満たしていれば、この法律で性別の取扱いを変えて、社会生活のあらゆる場面で、その人にとっての「自分ほんらいの性別」で暮らせるようになりました。

ただ、**この手続を使えるのは、18歳で成人してから後です。**

性別は、その人の存在そのものと深くかかわっていることだし、一度変えたら元にもどせません。

だから、大人になってから慎重に自分で考えて、手続をとる必要があります。

なので、あなたが今、性別の取扱いを変える手続をとることはできません。

また、今の日本の法律では、この手続をするには、性別を変える手術をすることが条件になっています（手術をしなければ性別を変えられないのはおかしなことで、実際にも世界では手術をしなくても性別を変えられる国がとても多いです）。

この手術も、「大人に対してする」ということになっているので、子どものときにはできません。

なお、トランスジェンダーの人すべてが、生きていくうえで「性別を変える手術が必要」というわけではありません。

性別を変える手術をせずに自分らしく暮らしている人もたくさんいます。

そして、そういう人たちに配慮した取り組みも、この社会の中で広がり始めています。

そういうことも、知っていてください。

将来、あなたが手術まで必要とするかどうかは、これからじっくりとお医者さんと相談していってください。

　あなたが大人になるまでの間に、法律もまた変わっているかもしれません。

　あなたは、親や先生から、「もっと男らしくしなさい」と言われているのですよね。

　自分の苦しみをきちんと受け止めてもらえるか不安で、親や先生にはなかなか相談しづらいだろうと思います。

　でも、最近は、トランスジェンダーの理解を深めるための情報が増えています。

　2010（平成22）年と2015（平成27）年には、文部科学省が、「こういう子ど

もたちにきちんと配慮するように」という通知を出しました【3】。

　学校の中で、名前の呼び方、服装、男女別の活動、トイレや着替え、他の生徒たちへの説明、そういったこと一つひとつをどうするかを、その子の気持ちを大事にしながら、学校や教育委員会と話し合っていく取り組みが、実際に始まっています。

　だから、あなたのその苦しみを、親や先生に伝えていきましょう。
　直接言いづらければ、保健室の養護の先生やスクールカウンセラーなど、自分が一番信頼できる大人に相談するのも、一つの方法です。
　大人たちとの話し合いがうまくいかないなら、私たち弁護士もお手伝いできます。

　あなたは、一人ではありません。
　あなたと同じ苦しみをかかえている仲間や、乗り越えてきた先輩たちが、たくさんいます。
　あなたらしく生きていけるようにサポートしたいと考えている大人たちも、たくさんいます。

　あなたが一人ぼっちではないと実感できること、
　そして、
　あなたがあなたらしく生きていけること。
　それが、とても大事なことなのです。

【1】　トランス（Trans）は「越える」などを意味する言葉で、ジェンダー（Gender）は性という意味です。
【2】　性同一性障害者の性別の取扱いの特例に関する法律
【3】　平成22年4月23日初等中等教育局児童生徒課、スポーツ・青少年局学校健康教育課事務連絡「児童生徒が抱える問題に対しての教育相談の徹底について（通知）」
　　　平成27年4月30日文部科学省初等中等教育局児童生徒課「性同一性障害に係る児童生徒に対するきめ細やかな対応の実施等について」

3：「ゲイだとばらす」とおどされている

高2男子です。興味があるのは女性ではなく男性のほうですが、そのことはまだ誰にも言えません。スマホのアプリで20代の男の人と知り合い、何度か会いました。でも、その人がしつこいので、「もうかかわりたくない」と話したら、「そんなこと言うならゲイだということを家族や学校にバラす、今まで食事で俺が払った分の金も返せ」とメッセージがひんぱんにくるようになって、こわくて毎日落ち着きません。

親や学校にバラすぞとおどすのは、脅迫罪_{きょうはくざい}という犯罪です。

おどしながら「いやなことをされたくなかったら付き合え」というのは、強要_{きょうよう}罪_{ざい}です。

「いやなことをされたくなかったら金を払え」というのも、恐喝罪_{きょうかつざい}という犯罪です。

大人が、子どもにすごんだり、子どもをとまどわせたりしてセックスをさせていたなら、それも犯罪です。

いやがらせの内容によっては、ストーカー規制法という法律にも違反します。

子どもが誰かから被害を受けているときは、親が加害者や警察などと対応するのがふつうです。

「でも、ゲイであることを親に知られたくない」。

そのために誰にも相談できないでいると、状況はどんどん悪くなっていきます。

そのようなことは、絶対に避けなければいけません。

まわりに相談に乗ってくれそうな大人はいませんか。

もしいなければ、**すぐに弁護士に相談し、弁護士から相手に連絡を入れてもらってください。**

相談先は、巻末の一覧を見て下さい。

今すぐ脅迫をやめ、今後一切かかわりをもたないこと。

それが約束できないなら、法律的な手続をとるつもりであること。

弁護士から相手に通知・警告すると、ほとんどの場合、おどしは止まります。

それでも止まらなければ、実際にいろんな法律の手続きをとってあなたを守ります。

子ども本人からの依頼を受けて、弁護士が相手に警告することはできます。

でも、深刻なケースでは親とも相談しないといけないかもしれません。

親との関係もふくめてこれからどうやって進めていくか、まずは弁護士と一緒に考えていきましょう。

私は、ゲイ（男性のことが好きな男性）やレズビアン（女性のことが好きな女性）の人たちの法律トラブルを、多く扱っています。

ゲイやレズビアンが社会から差別や偏見を受けて裁判になったケースもありますが【1】、

あなたのケースのように、「ゲイどうし・レズビアンどうし」で、「バラすぞ」とおどし・おどされるというトラブルも、多くあります。

おどされている人は、おどしてくる相手のことをとてもこわがっています。

でも、おどされている人が本当にこわがっているのは、「バラされたときの自分のまわりの家族・学校・職場のこと」です。

家では、

　「孫の顔が早く見たい」と夢見ている親に、子どもの自分がゲイ・レズビアンだと知られたら、

　家にいられなくなるかもしれない、親を悲しませるかもしれない。

　学校や職場では、

　「ホモ」「おかま」「レズ」など、差別的な言葉で友だちや先生や同僚が笑い合っている、

　そんな中で、自分がゲイ・レズビアンだとわかったら、いじめやいやがらせをされて、居場所がなくなるかもしれない。

　そう想像すると、とてもつらい。

　だから、自分がゲイ・レズビアンであることをまわりに言えなくて一人ぼっちに感じるし、バラされたらどうしようと不安に感じるのですよね。

　だからこそ、私は、このような「バラす」というケースに接するたびに、やはり「根っこにあるのは社会の差別や偏見だ」といつも思います。

　国によってはゲイやレズビアンに対してあからさまな差別があります。

　ゲイやレズビアンをのけ者にし、時には「死ね」「殺す」とまで言う「憎悪表現」（ヘイトスピーチ）や、暴力をふるう「憎悪犯罪」（ヘイトクライム）が、いつも問題になります。

　それとくらべると、日本では、あからさまな「憎悪」は少ないかもしれません。

　たしかに、まわりの人たちが「ホモ」「おかま」「レズ」などとふざけて笑いあっているのは、「憎悪」と言うほどの強いものではないかもしれません。

　でも、そのまわりの人たち一人ひとりの少しずつのマイナスの気持ちが、何十、何百、何千、何万と集まって、たった一人のゲイ・レズビアンにのしかかったとき、その不安と恐怖は、ゲイ・レズビアンの生活・人生そのものを押しつぶします。

　そのことを、私は、顔が真っ青になっている当事者を目の前にするたびに実感します。

多くのゲイ・レズビアンの人たちが、「家族や学校、職場に知られてしまったら、居場所がなくなってしまうのではないか」と不安をかかえています。

　だから、「バラすぞ」ということが「おどし」として成り立ってしまうのです。

　ゲイやレズビアンについての理解が進み、それぞれが自分らしく生きることができて、「バラすぞ」ということがおどしにならない社会になることが必要だと、強く思います。

　最近では、ゲイ・レズビアンであることをオープンにする人たちが増えてきました。

　家、学校、職場も、きちんと受け止めてくれるところが増えています。

　仲良く生活・人生をともにしている同性カップルも、とても多くなりました。

　日本では同性どうしで法律上の結婚はできませんが、世界では同性婚を認める国々も増えてきています【2】。

　あなたが大人になる頃には、日本でも法律や社会の理解がもっと進んでいるかもしれません【3】。

　どんな人も、一人ひとりが大切にされること。

　一人ではないと実感できること。

　そして、安心した毎日、幸せな人生を送ることができること。

　それが、法律がいちばん大事にしていることなのです。

　子どもと大人との出会い系サイトなどでのつながりは、いろんなトラブルが起きることが多いです。

　今回のようなトラブルに巻き込まれないようにするためにも、

　心と体が大人の仲間入りを始めたばかりの自分自身を大切にして、

　誰とどのような関係をつくっていくかについて、急がずにゆっくりと考えていってください。

【1】　平成2年2月、東京都が同性愛者の団体の利用を認めなかったことが裁判になりました（府中青年の家事件）。裁判所は、東京都の対応が不当な差別的取扱いだったと認め、原告の団体側が勝訴しました（東京地裁平成6年3月30日判決・判例時報1509号80頁、東京高裁平成9年9月16日判決・判例タイムズ986号206頁）。

【2】　2001年のオランダを最初に、その後増えていき、2022年3月現在、30の国・地域で同性婚が認められています。

また2015年、日本国内では、渋谷区と世田谷区で同性パートナーシップ証明が始まり、2022年3月現在、155の自治体に広がっています。

【3】　2015（平成27）年7月7日、全国455人の当事者が、同性婚の制定を求めて、日弁連に人権救済を申し立てました（同性婚人権救済弁護団編『同性婚　誰もが自由に結婚する権利』明石書店、2016）。

そして2019（令和元）年7月14日、日弁連は同性婚が認められないことが人権侵害にあたると意見書を出しました。

また、2019（令和元）年2月14日、「結婚の自由をすべての人に」訴訟が起こされ、2021（令和3）年3月17日、札幌地方裁判所は、同性婚が認められないことは憲法14条の法の下の平等に反するとの判決を出しました。

4：裸の画像を元彼にネットに流された

　元彼と付き合ってたときのことです。「裸の画像がほしい」と言われたので自撮り写真を送ったり、エッチのときに彼が私の写真を撮ったりしていました。最近別れたんですが、元彼が私の画像をＬＩＮＥやツイッターに流しています。やめるように言うと、余計に画像を流されそうだし、大人に相談してもどうにもならなさそうで、このままがまんするしかないのかなと思ってます。

　別れた腹いせに、付き合っていた相手の性的な写真をばらまくことなどを、「リベンジポルノ」と言います。

2014（平成26）年、新しく法律が作られました【1】。
　他の人に見せるつもりのなかった性的な写真を、勝手に知り合いに見せたり、ネットに流したりすることが、犯罪として取り締まられやすくなったのです。
　ネットに流された性的な画像を通信業者（プロバイダ）に消してもらうための手続きは前からありましたが、新しい法律では、その手続もスピーディーになりました。
　場合によっては、その手続を警察が手伝ってくれます。

　ツイッターも、画像を消すために動いてくれます。
　YAHOOなどいくつかの会社で作った「ＳＩＡ」というところの「セーフライン」も、あなたに代わってすぐに画像を消すために動いてくれます。
　https://www.safe-line.jp/
　法務省という国の役所の人権擁護相談窓口も、リベンジポルノの相談に応じています。

　こういった問題に、社会はまだ取り組みを始めたばかりですが、ぜひ、がまん

せずに、大人に相談してください。

　親や警察などに自分から相談するのが難しければ、私たち弁護士が力になります。

　相談先は、巻末の一覧を見て下さい。

　「なんで画像を相手に送ったの」、「どうして撮らせたの」、そう言われるかもしれないと思うと、なかなか、大人に相談する気持ちにはなれませんよね。

　「画像を送ったほうが悪い」、「撮らせたほうが悪い」と、まるで自分が責められているように感じると思います。

**　でも、悪いのは、あなたではありません。**

**　悪いのは、ＬＩＮＥやツイッターに画像を流した元彼のほうです。**

　今の大人たちは、子どものころにスマホもネットもありませんでした。

　だから、大人たちは、自分が10代のときに、パートナーに裸の画像を送ったり、セックスの写真を撮らせたりしていません。

　でも、そんな大人たちだって、例えば、誰にも話せない自分の秘密をパートナーだけには話す、ということは、あたりまえにあることです。

　そして、もし別れたあとに相手が腹いせにその秘密を他の人にしゃべったり、ネットに書いたりしたら、悪いのは明らかに、信頼を裏切った相手のほうでしょう。

　信頼しているパートナーだからこそ、他の人には知られたくないことを、二人のあいだだけでシェア（共有）する。そして、別れた後も、相手の秘密は守る。

　そういうことは、なにも、若い人たちの性的な画像にかぎった話ではないのです。

　今の10代のみなさんには、最初からスマホとネットがありました。

　大人たちが、そのスマホとネットの世界に子どもたちを無防備に巻き込んでおきながら、トラブルが起きたとたん、「送ったあなたが悪い」「撮らせたあなたが

114

悪い」と、その大人たちが言うのは、フェアではない、ひきょうなことだと、私は思います。

「性」は、セックスのことだけではありません。
自分の体と心を大切にし、相手の体と心を大切にすること。
それが、本当の意味の「性」です。

あなたが、自分の体と心をもっと大切にできていたなら、元彼に裸の画像を送ったり、セックスの写真を撮らせたりしていなかったかもしれませんね。
大人たちに必要なのは、今、あなたが自分の体と心を大切にできているかを、あなたと一緒に考えることです。

元彼が、あなたの体と心をもっと大切にできる人だったなら、あなたに裸の画像を求めたり、セックスの写真を撮ったりしてはいけない、と自分で考えたかもしれません。
大人たちに必要なのは、相手の体と心を大切にするつきあい方がどういうものなのかを、元彼のような人たちにしっかりと伝えていくことです。

そして、そういった「二人がどんなつきあい方をしていたか、するべきだったか」という話とはちがい、元彼があなたの信頼を裏切って勝手に画像をネットに流したのは、明らかにまちがっていること、一番許されないことなのです。

新しく法律ができたのは、あなたのような立場の人を守るためです。
あなたが悪いのではありません。
あなたががまんすることはありません。
ぜひ、すぐに相談してください。

【1】 私事性的画像記録の提供等による被害の防止に関する法律

5：アダルトサイト

子どものあなたが、アダルトサイトの「18歳以上ですか」にウソをついて「はい」とクリックして中を見ても、犯罪になるわけではありません。

都道府県や市町村の条例で決めているのは、「子どもにアダルトものを見せないようにしよう」という、大人の義務だからです。

日本を含む世界の国々が、子どもの権利条約で、「子どもを害のある情報から守ろう」と確認しています。ただ、アダルトものが子どもにどんな害があるのか、きちんとした科学的なデータは、実は、ありません。

でも、「子どもがつかまるわけではない」とか「害を調べた科学的データがない」とはいっても、私は、あなたがそのサイトを見るのは、性について学び知ってからにしてほしいと思います。

10代は、体と心が、大人の仲間入りをします。

そして、性的なことに関心を持つようになります。

性的なことに関心を持つのは、悪いことなどでは、まったくありません。

むしろ、人として、とても大事なことです。

性と聞くとセックスをイメージする人が多いですが、それは性のうちの一部にすぎません。

自分の心と体を大切にし、そして、相手の心と体を大切にすること。

それが、本当の意味での性です。

そして、性は、自分と相手の命、新しく生まれてくる命とも、深く結びついています。

性は人として生きていくうえでとても大事なこと、セックスは人間として大切なコミュニケーションのひとつなのです。

　アダルトものは、性のうちの、セックスという一部分だけを切り取ったものです。

　見る側の性的な興味関心を満足させて、作る側がお金をかせげるように、その多くは、オーバーな表現で刺激的な内容になっています。

　自分や相手を、人として大切に扱わず、物や人形や奴隷のように扱うもの。

　セックスが人間として大切なコミュニケーションだとは、感じられないもの。

　そのようなアダルトものに接したときに、「これは現実ではなくて、フィクションだ」と、心の距離を持つことができるように、自分と相手の体と心を大切にることの意味を、10代のときに、学び知ってほしいのです。

多くの大人たちは、アダルトものを子どもたちから遠ざけることに一生懸命で、かんじんの性について、家でも学校でも、きちんと語っていません。

　アダルトサイトの画面をクリックする前に、親や先生に聞いてみてください。
「子どものときに、性について、どうやって学んだり知ったりしたんですか」
「大人になった今から振り返って、性について、上の大人から教えておいてもらいたかったことは、何ですか」
　自分と相手を大切にできている大人なら、あなたの大事な質問に、正面から真剣に答えてくれるはずです。

　親や先生が答えてくれないようなら、図書館や保健室にある、性について子ども向けに書かれている本を、読んでみてください【1】。
　そういったことは、アダルトサイトの画面をクリックするように簡単ではなく、めんどうかもしれません。
　でもそのぶん、あなたが生きていく上で強い芯となるものを、身につけることができるはずだと思います。

【1】　村瀬幸浩、染矢明日香著『マンガでわかるオトコの子の「性」』（合同出版、2015）、にじいろ著『友だちもネットも教えてくれない性と妊娠のリアル　10代の妊娠』（合同出版、2021）など

6：HIV・エイズ

　私は弁護士として、性感染症をうつした・うつされたというトラブルを扱うことが多いです。

　性感染症にはいろんなものがあり、早めに治療を受ければ数週間や数ヶ月で治るものが多いです。
　しかし、完全に治すことができないものもあります。
　HIV、エイズは、その一つです。

　HIVは、ウイルスの名前です。
　HIVに感染しても、他の性感染症のような自覚症状がないので、意識して血液検査を受けなければわかりません。
　感染すると、体の免疫力が少しずつ下がっていき、やがて、健康な体ではふつう起きない病気にかかりやすくなります。
　そうやってHIVに感染し、免疫力が下がってかかる病気のことを、エイズといいます。

　30年以上前は薬の開発が今ほど進んでいなかったので、HIV・エイズは「死の病気」としておそれられ、日本や他の国で大きなパニックになりました。
　HIVをもっている人に対して、偏見に基づくとても強い差別がまき起こりました。

　今は、医療がだいぶ進みました。
　HIVウイルスを体の中から完全になくすことはできませんが、きちんと薬を飲めば、エイズを発症することをおさえて、感染していない人と変わらない生活を送り、長生きもできるようになりましたし、他の人に感染させないことも可能になっています。
　しかし、そのように医療が進んでも、HIVやエイズに対する差別・偏見は社

会の中に今も根強く残っています。

　特に、職場でＨＩＶを理由にクビにされてしまうことが多く起きています。

　「うつした・うつされた」というトラブルも、ＨＩＶだと、他の性感染症よりもいっそう深刻なものになりがちです。

　それも社会に差別・偏見があるせいだと、私は実感しています。

　今、日本では３万2000人くらいの人がＨＩＶをもっています。

　ＨＩＶをもっている人も、もっていない人も、すでにみんなが一緒にこの社会の中で暮らしているのです。

　日本で、新たにＨＩＶに感染したりエイズを発症したりするのがわかる人は、１年間に 1500 人くらいいます。

　実は、そのうちの４分の１が 10 代・20 代の人たちです。

　性は、自分の体と心を大切にし、相手の体と心を大切にすること。

　性感染症の菌やウイルスは、愛情や信頼だけでは防ぐことも治すこともできないということ。

　自分と相手を大切にするためにこそ、コンドームを使うなど、いつもセーファーセックスを心がける必要があるということ。

　そういうメッセージを大人たちは子どもたちにきちんと伝える責任がある、と、私は思っています。

　ＨＩＶ・エイズについての、とてもわかりやすいパンフレットがあります。

　10 代のみなさんに、ぜひ読んでほしいと思います。

　「もっと自分のカラダのことを知ってみよう」

　（NPO 法人 akta）　http://www.akta.jp/karada/

　また、ＨＩＶ・エイズについてもっとくわしく知りたいときや、感染しているか不安、感染して困っている、などの相談をしたいときには、NPO 法人ぷれい

す東京のウェブサイトにアクセスしてみてください。

https://ptokyo.org/

7：山下さんは包茎ですか？

私は、いろんなところで、いろんな子どもたちからの質問に答えています。
そうすると、1〜2年に1度、この質問を受けることがあります。

私は弁護士なので、法律の視点から答えています。

人は、他の人の迷惑にならないかぎり、何をしてもいいという自由があります。

あなたが私に包茎かどうかを聞くことは、
私や他の人の迷惑にはなりません。
だから、私に包茎かどうかを聞く自由が、あなたにはあります。

他方で、
私がその質問に対して答えなくても、
あなたや他の人の迷惑にはなりません。
なので、その質問に答えないという自由が、私にはあります。

私に聞く自由があなたにある、と書きました。

でもそれは、
10代を支援し、10代からの質問に答えている弁護士の私に、
10代のあなたが質問しているから、
法律的には問題がない、というだけです。

相手や場所によっては、そういう質問は、
他の人の迷惑となり、法律的にアウトになるので、注意が必要です。

包茎かどうか、性経験があるか、初体験がいつか、（主に女性に）スリーサイズがいくつかなど、
　そういった性的なことを、職場で同僚や部下などに尋ねるのは、
　セクシュアルハラスメント（セクハラ）として、法律的に完全にアウトです【1】。
　職場から処分を受けたり、被害者から訴えられたりすることがありえます。

　学校でも、他の生徒に性的なことを尋ねるのは、
　いじめにつながりかねない、問題のあることです【2】。

　また、たとえ法律的にアウトにまではならない場合でも、
　性はとてもデリケートなことなので、
　相手の個人的なことを聞くのは、やはり、やめるべきです。

　なので、今回私に聞いたのを最後にして、
　今後は、他の人に包茎かどうかを、聞かないようにしてください。

　10代は、心と体が、大人の仲間入りをする時期です。
　今回、あなたが私に包茎かどうかを聞いたのは、
　大人の体がどうなっているのか、興味・関心があるからだと思います。

　しかし、ほんとうはそれだけでなく、
　「包茎は恥ずかしいもの」という意識をあなたが持っているから、
　私に聞いたのではありませんか。

　日本にはむかしから、「包茎は恥ずかしい」という風潮があります。
　包茎は、ふつうの人は言われたくないことだと、裁判官が書いた判決もあります。

でも、包茎にここまで関心をもち、包茎が恥ずかしいという意識を持つのは、
他の国ではほとんど見られない、日本に特有のことだと言われています。

包皮が手でめくろうとしてもめくれない、いわゆる「真性包茎」は、
10代後半になればほとんどの人が解決しますし（めくれるようになりますし）、
病院（泌尿器科）で診てもらえば、包皮を切る手術をしなくても、軟膏を塗る
処置などで解決していきます。

また、包皮が手でめくれる、いわゆる「仮性包茎」は、
清潔にしているかぎり、医学的にはまったく何の問題もありません。
日本人の成人の70％は仮性包茎で、ありふれたことなのです。
（包皮が亀頭部にひっかかって元に戻らず、包皮がむくんでしまう「カントン包茎」に
は注意が必要ですが、包皮が元に戻る仮性包茎であれば何の問題もありません。）

ところが、
「包茎は恥ずかしい」という風潮に、
手術をあおるような病院（美容外科）の広告が世の中にあふれているので、
「包茎手術を受けなければいけないのでは」と思い悩む人が多くいます。

もちろん、ほんらい必要のない包茎手術も、
本人が納得できる費用で、心理的にも満足できる結果が得られるのなら、
他の人からとやかく言われることではない、受けるかどうかは自由なことです。

ところが、包茎手術は、法的なトラブルになってしまうケースも多いのです。

包皮を切り取る手術は、医学的には必要がないので、
健康保険を使うことができず、費用が高くなります。
病院の広告では手術費用が5万〜10万円だと書かれているのに、
実際に病院に行くと、50万円以上、中には100万円以上もする手術を【3】、

不十分な説明でその日のうちに本人に決めさせてしまうケースが、多くあります【4】。

　また、お金のトラブルだけならまだしも、
　手術をしたせいで、かえってペニスに重大な障害が残ってしまうトラブルさえもあります【5】。

　包茎手術だけでなく、
　ペニスを大きくする手術や、
　女性であれば胸を大きくする手術など、
　性に関する悩みや劣等感（れっとうかん）・コンプレックスにつけいった手術は、
　裁判所で争うようなトラブルにまでなることがありますし、
　相談を多く受けている「国民生活センター」も、広く注意を呼びかけています【6】。

　性とは、自分の心と体を大切にし、相手の心と体を大切にすること。
　人が人として生きていくうえで、とても大切なことです。

　だから、
　心と体が大人の仲間入りをする前の子どもたちや、
　大人の仲間入りをしつつある 10 代の子どもたちは、
　その大切な性について、大人たちからきちんと教えてもらえるよう、求めることができますし【7】、
　私たち大人は子どもたちに、性についてきちんと伝えていく義務があります。

　誰かが包茎かというような個人的なことは聞くべきではありませんが、
　広く性について大人たちと話し合うことは、とても大切です。
　ぜひ、あなたの親や、学校の先生と、
　「今日、弁護士からこんな話を聞いたよ」、と話し合ってみてください。

そして、やがてあなたが大人になったとき、
包茎かどうか聞いてくる子どもたちや、
包茎で思い悩んでいる子どもたちに、
きちんと性について伝えることができる、
そういう素敵な大人に、ぜひなってください。

【1】 雇用の分野における男女の均等な機会及び待遇の確保等に関する法律（男女雇用機会均等法）11
条1項 「事業主は、職場において行われる性的な言動…により当該労働者の就業環境が害される
ことのないよう、当該労働者からの相談に応じ、適切に対応するために必要な体制の整備その他
の雇用管理上必要な措置を講じなければならない」
「事業主が職場における性的な言動に起因する問題に関して雇用管理上講ずべき措置についての
指針」（平成18年厚生労働省告示第615号）2（4）「『性的な言動』とは、性的な内容の発言及
び性的な行動を指し、この『性的な内容の発言』には、性的な事実関係を尋ねること…が、それ
ぞれ含まれる」
セクシュアルハラスメントは、男性から女性に対するものに限られません。男性から男性に対
して性的なことを尋ねることも、セクハラになりえます（上記指針2（1）「職場におけるセクシュ
アルハラスメントには、同性に対するものも含まれるものである」）

【2】 いじめ防止対策推進法2条1項 「この法律において『いじめ』とは、児童等に対して、当該児童
等が在籍する学校に在籍している等当該児童等と一定の人的関係にある他の児童等が行う心理的
又は物理的な影響を与える行為（インターネットを通じて行われるものを含む。）であって、当該
行為の対象となった児童等が心身の苦痛を感じているものをいう」
平成25年10月11日文部科学大臣決定「いじめの防止等のための基本的な方針」「5　いじめの
定義」「具体的ないじめの態様は、以下のようなものがある。・冷やかしやからかい、…嫌なこと
を言われる（中略）・嫌なことや恥ずかしいこと…をされたり…する」

【3】 「病院に行く前に心づもりしていた費用額があった事例を精査したところ、5万円超〜10万円以
下が最も多く50万円が最高でしたが、実際の契約購入金額は50万円超〜100万円以下が最多、
次いで100万円超〜150万円以下となっていました」（平成28年6月23日独立行政法人国民生
活センター「美容医療サービスにみる包茎手術の問題点」4頁、https://www.kokusen.go.jp/
pdf/n-20160623_2.pdf）

【4】 「美容医療サービスは疾病の治療とは異なり、施術の緊急性がある場合は極めて少ないものです。
しかし、アンケートでは受診したその日に契約（即日契約）したという回答が多く、なかには、
その日のうちに施術されたという回答も多くみられます。さらに、『状態がひどい』『この方法で
は仕上がりが良くない』などと説明され、不安をあおられて高額な施術を勧められたほか、すぐ
に手術を受けるように迫られた事例や、断っているにもかかわらず何時間も勧誘されている事例
もみられました。手術を行う際には事前に血液検査等で施術の支障となる疾患の有無を確認する

ことが望ましく、即日施術の必要性が医学上認められない場合には即日施術は避けるべきです」（平成 28 年 6 月 23 日独立行政法人国民生活センター「美容医療サービスにみる包茎手術の問題点」11 頁、https://www.kokusen.go.jp/pdf/n-20160623_2.pdf）

【5】 「包茎手術に関する危害事例は過去 5 年間で 74 件寄せられており、内容を精査したところ、痛み、腫れなどの件数が多くみられましたが、なかには施術部分が裂けた、出血が続く、大量に出血した、組織の壊死という症状のほか、勃起障害や、射精障害などの性機能障害、排尿障害などの機能的な問題を生じているケースがみられました」（平成 28 年 6 月 23 日独立行政法人国民生活センター「美容医療サービスにみる包茎手術の問題点」3 頁、https://www.kokusen.go.jp/pdf/n-20160623_2.pdf）

【6】 独立行政法人国民生活センター　https://www.kokusen.go.jp/news/data/n-20160623_2.html

【7】 1999 年 8 月 26 日第 14 回世界性科学学会総会採択「性の権利宣言」第 10 項「人は誰も、教育を受ける権利および包括的な性教育を受ける権利を有する。包括的な性教育は、年齢に対して適切で、科学的に正しく、文化的能力に相応し、人権、ジェンダーの平等、セクシュアリティや快楽に対して肯定的なアプローチをその基礎に置くものでなければならない」

第

3

章

性

解 説 ……… 渡辺 雅之

　この章は心身の発達が著しい思春期や青年期に差し掛かっているみなさんにとっ
て、切実かつとても大切なテーマに触れています。「性」という漢字は「心と生」で
出来ています（"りっしんべん"は心を表す）。そういう意味では、性の問題は単に身
体の問題ではなく、心と深く結びついて成り立っていることがわかります。

　性を英語にすると「SEX」となります。多くの人はそう聞くと「SEX＝性行為」と
思うでしょう。しかし、「SEX」は性行為というよりは、パスポートの項目にあるよ
うに、そもそも「性別」を指す言葉なのです①。性別は男女という生物学的な区分
です②。

　そしてもう一つ、「ジェンダー（Gender）」という分類もあります。「セックス（Sex）」
が「生物学的性」だとすると、こちらは「社会的性」ということが出来ます。生ま
れてからの周囲の環境や育てられ方によって決まるので後天的なものです。

　「Aさんのところに赤ん坊が生まれたんだって。お祝いを買おうと思うんだけど、
付き合ってくれない」、そう友だちに言われて、一緒にデパートに行ったとしましょ
う。

　「あれ、男の子だっけ？　女の子だっけ？」

　「女の子よ」

　「なら、こっちのピンク色のベビー服にしようか」

　よくある光景ではありませんか。

　女の子ならばピンク、男の子ならばブルー、そんな決まりはないはずなのに、な
ぜかたいがいの人はそうします。それは社会の中に「男らしさ」「女らしさ」という
イメージや文化が根づいているからですね。ジェンダーは人が社会の中で育ち、生
きていくにつれて期待されたり、身につけたりする性別に関する属性をいうわけで
す。しかし、大きくなれば、ピンクを好む男子もいるでしょうし、ブルーやダーク
な色を好む女子もいるでしょう。もちろん、いわゆる「女の子らしい」かわいいファッ
ションが大好きな女子も沢山います。当たり前のことに過ぎませんが、好みも趣味
も人によって多様なのです。

　しかし、現実の世の中は「男なんだから…女なんだから」というまなざしが強い
ものです。「男なんだから…」に続くのは、「もっとしっかりしろ・がんばれ」などの、
（よく言えば）励ましであり、「女なんだから…」に続くのは、「おしとやかにしなさい・

出過ぎないようにしなさい」などの抑制的なものが多いものです。私たちは「女だから、男だから○○しなければならない」という考え方ではなく、様々な個性を持った一人の人間としてどう生きるかを基準にしたいものです。

＊ ＊

　性的指向（どの性を好きになるか）や好みもそれぞれ多様です。LGBT は性的マイノリティ（少数者）と言われています③。しかし、これも明確に４つに区切られているというわけではありません。他にも様々なセクシュアリティがあり、性の在り方自体がそもそも多様なのです。よって最近は LGBTs と複数系で言われることも増えています④。人間は一人ひとりちがう特性（個性）を持ち、セクシュアリティはその一つの表れです。そもそも自分以外はみんな異質なのです。にも関わらずマイノリティに対して「おかしな人、変わった人」など差別的な言動を投げかけられたり、不当な扱いを受けたりする事例があとを絶ちません⑤。

　かつて、同性愛は脳の機能障害や病気とされていた時もありました。しかし、WHO（世界保健機構）が 1993 年に、「同性愛はいかなる意味でも治療の対象とならない（「国際疾病分類」ICD の改訂第 10 版）」と発表し、今ではこれが世界の常識となっています。しかし、人間の長い歴史の中で見れば、ごく最近のことであり、社会にはまだまだ性的マイノリティ（少数者）に対する根強い偏見やそれに基づく差別も残っています。個人の性的指向を本人の意志に関わりなく、周囲の人が話す行為（アウティング）によって、傷つく人や事件も起きています。これは、周囲の無理解や偏見から生まれる人権侵害行為に他なりません。

　大切なことなのでもう一度書きますが、LGBTs は数の上ではマイノリティですが、異常なことではありません。性はそもそも多様なものであり、異性愛者だって、“スリムな人が好き、ガッチリした人が好き、年上が好き、年下が好き”など色々な好みがあるように、一人一人、みんな好みはちがうのです。もっと言えば、性的なことに興味を持たない人（アセクシャル）もいるし、そもそも“好きになった人が好みのタイプ”ということも現実には良くあることです⑥。

　当事者にとって、自分を隠して生きるのは辛いことでしょう。苦しくなったら相談窓口がたくさんあります。大切なのは、一人で悩まないこと。私たち自身が一人一人のちがいを認め合う社会をつくるために小さくても出来ることを積み重ねてい

くことでしょう。差別撤廃東京大行進やTOKYO RAINBOW PRIDEなどで掲げられたメッセージは「We are already living together（私たちはすでに一緒に生きている）」です[7]。

* *

そして、この章では性に関して、とても大切なことが書いてありました。

「性」は、セックスのことだけではありません。
自分の体と心を大切にし、相手の体と心を大切にすること。
それが、本当の意味の「性」です（p.115）。

性はズバリ対人関係のことなのです。独りよがりではなく、常に相手の立場や思いを大切にすること。それがひいては自分を大切にすることにもつながります。とくに、性的行為の多くは、相手のプライベートゾーン（親密圏）に入ることになります。プライベートゾーンとは、親密でない他者が立ち入ってはいけない場所です。よって、相手のことを思って、より慎重に、より大切にしなければならないのが性的行為なのです。

山下さんは「アダルトものは、性のうちの、セックスという一部分だけを切り取ったものです。見る側の性的な興味関心を満足させて、作る側がお金をかせげるように、その多くは、オーバーな表現で刺激的な内容になっています」と書いています。それを裏付けるように、"性"を真面目に考えよう　相談大歓迎！『パーフェクトH』という番組の中で、加藤 鷹さん（ＡＶ俳優）は「ＡＶは（あくまで）エンターテイメント」と発言しています。加藤さんは、「大人は、中高生など若い世代に対して、あくまでアレ（アダルトビデオ）は作り物だということをちゃんと伝えてほしい」と言っているそうです。映画の「ハリーポッター」、「スターウォーズ」では、ありえない魔法やフォース（超能力）が駆使され、「クローズゼロ」などの学園モノでは、過激なケンカ（暴力）シーンも出てきます。しかし、あれが現実だと思う人はいないでしょうし、再現しようともしないでしょう。

若いみなさんには、現実とフィクション（作り物）をしっかりと区別し、目の前の相手の気持ちを尊重した「良い」関係を作ってほしいと思います。

1. 英語圏において性行為は make love と表現されることが多い。
2. とはいうものの、個々人の身体はそれぞれで、男性であればいかにも男らしい（とされる）筋骨隆々の人もいるし、その逆も存在します。
3. L ＝レズビアン、G ＝ゲイ、B ＝バイセクシュアル、T ＝トランスジェンダー、以上は順番に、女性同性愛者（女性として女性が好きになる）、男性同性愛者（同）、両性愛者（両性を好きになることが出来る）、体の性別と自分で思う性別とがちがう人（性別違和を感じる）のこと。
4. もしくは、LGBTQ（Q は Queer- クィアのことです）。セクシュアリティ全般について「クエスチョン」（わからない，探している途中，分類されたくない）とか、セクシュアリティ全般について「クィア（変態）」，普通とされるセクシュアリティに疑問を投げかける立場という意味です。
5. テレビなどのメディアで面白おかしく扱ったり、笑いものにして視聴率を稼ぐ風潮がそれを後押ししています。
6. 好きになった人がたまたま同性だったということもあるでしょう。
7. 『東京レインボープライド 2016』全体テーマ
   Beyond the Rainbow ～ LGBT ブームを超えて～
   「LGBT」が、ブームだという。
   理解が広まることは、いいことだ。
   でも、ブームであろうがなかろうが
   「LGBT」は、ここにいる。
   そもそも、「LGBT」という言葉以前に
   当たり前に、生きている。
   多様な性的指向や性自認を、生きている。
   ブームを超えて、これからも
   誇らしく
   生きていく。

第4章

犯罪

1：酒・タバコ・薬物

　子どもがたばこを吸ったりお酒を飲んだりしてはダメって法律で決まっているのは知ってるけど、どうして大人はよくて子どもはダメなんですか。
　薬物も、たばこや酒みたいに、他の人に迷惑をかけてないのに、どうして犯罪なんですか。

　たばこやお酒が、大人は良いのに、子どもがだめな理由。
　それは、子どものあなたに、自分自身を大切にしてほしいからです。

　人は、他の人に迷惑をかけないかぎり、好きなことをしていいという自由があります。
　でも、健康に悪いことを自由にやり続けた結果、何十年も後になって苦しんでいる大人が、とても多いのです。
　突然死んでしまう危険も高いし、ずっと苦しみ続けることだってある。
　たばこやお酒をやめるようにお医者さんに注意されても、なかなかやめられなくて苦しんでいる大人が、たくさんいます。
　健康に悪いという統計・データや、真っ黒になった肺の写真などを見せられるよりも、実際の大人たちの話を聞くほうが、その大変さをきちんと感じることができます。
　だけど、子どもは、そういう大人たちの話を聞く機会が、なかなかありません。
　大人のほうも、プライドやはずかしさから、自分たちの話をきちんと子どもたちにしようとしません。

　大人だったら、自由の結果苦しんでも、それはそれで自己責任、自分でやったことなんだから仕方がない、ということかもしれません。
　だけれど、子どものみなさんにまで、そんな自己責任を負ってもらいたくないのです。

私たち大人は、子どものみなさんのことを、大切に思っています。

　子どものみなさんが大人になるまでの間、そして大人になったあとも健康で幸せな暮らしを送れるようにと願っています。

　ひとの体は、大人になるまで、成長を続けています。

　個人差はありますが、身長の伸びなどは高校生くらいの年齢で止まります。

　しかし、その後も身体の中（脳も含みます）ではまだまだ成長が続きます。

　すくなくとも、そのように体が成長している間は、たばことお酒の悪い影響を受けてほしくないのです。

　成長を続けている自分自身を、大切にしてほしいのです。

　「人に迷惑をかけないんだから、吸ったり飲んだりしてもいい」。

　そんな子どもの言葉を聞くと、「自分のことを大切に思えないような、さみしい毎日を過ごしているのかな」と心配になります。

　「たばこやお酒は害があるから」、「ルールだから」、というお説教も、時には必要かもしれません。

　でもそれよりも、たばこやお酒の話をひとつのきっかけとして、「自分自身のことを大切に思えているかどうか」を、いろんな人とじっくり話し合うことのほうが、もっと大切だと思っています。

　子どもがたばこを吸ったりお酒を飲んだりすることは、法律で禁止されています【1】。

　でも、その子どもが処罰を受けるのではありません。

　処罰されるのは、止めなかった親や、子どもだと知っていたのにたばこやお酒を売った大人のほうです【2】。

　法律のしくみがそうなっているのも、「私たち大人が子どもたちを大切にしないといけない」という考え方のあらわれです。

でも、吸ったり飲んだりした子どもが、何も処分を受けないかというと、それはちがいます。

　警察に補導され、場合によっては親や学校、職場に連絡がいきます。

　補導が何度もくりかえされるようだと、「将来犯罪を起こすかもしれない」という理由で、裁判所に呼び出され、注意を受けたり、「少年院に行って自分自身を見つめなおしてきなさい」と言われることさえあります。

　また、学校では、出席停止などの処分を受けたりすることもあります。

　たばこが吸えたり、お酒が飲めたりすると、なんとなく大人になった気分がしてかっこいいと思うかもしれません。

　でも、大人どうしの世界では、正直なところ、そんなイメージはありません。

　人としてのかっこよさは、たばこやお酒のような物で身につけるものではなく、もっとちがうところで見られるものです。

　自分自身を大切にできる人、まわりからたばこやお酒を勧められても、「いやなものはいやです」ときっぱり断れる人こそ、かっこいいと私は思います。

　なお、2022（令和4）年4月に成人年齢が20歳から18歳に引き下げられましたが、たばこやお酒がダメな年齢は20歳のまま変わりませんので、注意してください。

　また、たばこやお酒とちがい、覚せい剤や麻薬などの薬物は、子どもだけでなく大人も、犯罪として厳しく取り締まられます【3】。

　規制をまぬがれようとする「脱法ドラッグ」が出回ったりしますが、それらも社会はすぐに厳しく取り締まります。

　その理由は、私たちの健康を守るためということに加えて、他の人々や私たちの社会を傷つける危険がとても高いからです【4】。

　薬物は、一時的に頭がすっきりしたり、体が軽くなったりして、気持ちがよくなるものが多いです。

興味本位で「１回だけ」と思って手を出してみると、１回だけではいきなり人生がダメになるようには感じないので、「もう１回使ってみたい、もう１回だけなら大丈夫だろう」、と思ってしまいます。

　そうやって繰り返していくうちに、薬物を使うペースが、どんどん早まっていきます。

　やがて、頭の中は薬物のことを考えるのでいっぱいになり、生活がどんどん崩れていきます。

　そして、家族、学校、職場などで、まわりの人たちとのトラブルが増えていきます。

　薬物を買うお金がなくなり、借金を繰り返したり、誰かにお金をせびったり、お金を手に入れるために、何かの犯罪に手をそめてしまうケースが多く起きています。

　薬物の売り買いで動くお金は、暴力団などの資金源になることも、考えなければなりません。

　薬物による幻覚や妄想で、人を殺したり、車で人をはねるなどの悲惨な事件が、現実に起きています。

　だから、**法律は、他の人々や私たちの社会を傷つけないよう、薬物を使うことを、犯罪として厳しく取り締まっています。**

　つまり、薬物は、「たばこや酒みたいに他の人に迷惑をかけてない」というものではまったくないのです。

　そして何より大切なことは、薬物を使っているその人自身が一番傷ついているということです。

　何かにハマって生活がおかしくなることを「依存」と言います。
薬物依存は病気です。
　自分で自分自身をコントロールできなくなる病気なのです。
　だから、犯罪者として処分を受けたり、「今後一切やりません」と張り切って裁判所で誓ったりしても、それだけで薬物依存から抜け出すことはとても難しい

のです。

　薬物依存から抜け出すためには、病気としてきちんとお医者さんの治療を受け、薬物を使いたくなる自分と向き合いながら、「今日一日、薬物をやらずに過ごせた」、そんな毎日を少しずつ積み重ねていくことのほうが、何倍も大事なのです【5】。

　薬物依存は、人間関係の病気とも言われます【6】。
　「気分がよくなるよ」
　「嫌なことを忘れられるよ」
　「勉強がはかどるよ」
　「だるさがとれて、すっきりするよ」
　「ダイエットに効くよ」
　「セックスのときに気持ちよくなるよ」
　その薬物の誘いを断ったら一人ぼっちになってしまうという不安、すでに一人ぼっちに感じていたというさみしさ。
　薬物は、そういった不安やさみしさに入り込んで、一時だけ、心の痛みを紛らせます。
　でも、そうやって薬物にハマるほど、周囲の人たちはどんどん離れていき、ますます一人ぼっちになっていきます。

　だからこそ、**薬物依存から抜けるためには、「一人ぼっちではない」と実感できることが大切なのです。**
　薬物依存の人たちで集まって語り合う「自助グループ」がありますし、人間関係の問題を解決するために、私たち弁護士もサポートすることができます。
　日本ダルク（03 － 5369 － 2595、http://darc-ic.com/）や、各都道府県の精神保健福祉センターが、相談に乗ってくれます（**これらに相談をしても、警察に通報されることはありません**）。

　たばこ、お酒、薬物に、興味を持ったり、まわりから勧められたりすることがあるかもしれません。

しかし、あなた自身を大切にして手を出さないようにしてほしいと、強く願っています。

【1】　20歳未満ノ者ノ喫煙ノ禁止ニ関スル法律1条、20歳未満ノ者ノ飲酒ノ禁止ニ関スル法律1条
【2】　たばこやお酒を止めなかった親には「科料」という罰金に似た（罰金よりも安い）刑罰、子どもにたばこやお酒を売った人には50万円以下の罰金が科せられます（20歳未満ノ者ノ喫煙ノ禁止ニ関スル法律3条1項、5条、20歳未満ノ者ノ飲酒ノ禁止ニ関スル法律3条、1条2項・3項）。
【3】　覚せい剤取締法19条、麻薬及び向精神薬取締法12条1項など
【4】　金尚均『ドラッグの刑事規制　薬物問題への新たな法的アプローチ』（日本評論社、2009）
【5】　近藤恒夫『薬物依存を越えて　回復と再生のプログラム』（海拓舎、2008）46頁
【6】　近藤恒夫前掲書2頁

2：逮捕された！　早く外に出たい

警察に逮捕されてしまいました。一日も早く家に帰りたいんですが、いつ外に出られますか。

ケースによります。

その日のうちに出られることもあれば、ずっと出られないこともあります。

外に出られるかどうかについての、いくつか重要なタイミングがあります。

① 　逮捕から 72 時間（3日）

② 　勾留請求から 20 日

③ 　家庭裁判所送致から 4 週間

特に①を中心に、お話しします。

① 　逮捕から 72 時間（3日）

逮捕されたときから 72 時間（3日間）は、ひとりぼっちです。

この3日間は、家族でさえ、あなたと会って話をすることができません。

警察署に閉じこめられ、取り調べが始まります。

自分の言い分をどうやって警察に言えばいいのかは、大人でも難しいことです。

まして、子どもであれば、もっと難しいことです。

この先自分がどうなるのか、いつ外に出られるかわからない。

たまらなく不安になります。

そんな中、「警察の言うことに従えば早く外に出られる」、そんなふうに思わされます。

そして、警察に言われるがままに、本当ではないことを、言わされたり、書かされたりする人が、とても多いのです。

だけど、一度そんなふうに本当ではないことを言ったり書いたりすると、あとの裁判でひっくり返すことは、簡単ではありません。

「話したくないことは話さなくてもいい」という黙秘権がありますが【1】、

警察の厳しい取り調べでむりやり言わされることが、とても多いのです。

この３日間、あなたに会えるのは弁護士だけです。

でも、この３日間は、「国選弁護」という制度がありません（国選弁護については後で説明します）。

あなたや家族が何もしないと、弁護士は来てくれません。

弁護士は、警察につかまった人たちのために、毎日当番で待機しています。

呼ばれたら、すぐに会いに行くことができます。

お金の心配もいりません。

ですから、できるだけ早く弁護士を呼んでください。

弁護士を呼ぶように、警察官に強く言ってください。

そうすると、警察官が、弁護士会に連絡しなければいけないことになっています。

また、あなたの家族が弁護士会に連絡するのでもかまいません。

弁護士は、早く外に出られるようにいろんな活動をします。

あなたの処分が不当に重くならないように、いろんな活動をします。

弁護士としての、とても大切な活動です。

犯罪をしていない。

犯罪はしたけれど、被害者や警察が言っているようなひどいことまではしていない。

犯罪はしたけれど、自分にも言い分がある。

あなたの言い分を、警察官、検察官、裁判官などに、しっかりと伝えます。

「自分は犯罪をしてしまったんだから、弁護士なんてつけても意味がない」、

そんなふうには考えないでください。

犯罪をしてしまったのであれば、

どうして犯罪をしてしまったのか、

被害者にどう謝ればいいのか、

自分の家族とこれからどういう関係を築いていけばいいのか、

今後犯罪をしないようにするためにどうすればいいのか、

　それを、あなたと一緒に考えます。

　まちがったことをした人でも、一人ひとりが大切な存在です。

　逮捕されたことをきっかけにして、「これからしっかりと暮らし、生きていくために、どうすればいいのか」を弁護士と一緒に考えることが、とても大切なのです。

　「弁護士をつけると反省していないと思われるぞ」、と警察が言うかもしれません。

　でも、それはまちがいです。

　弁護士はむしろ、どうやって反省すればいいのかを、あなたと一緒に考えるのです。

　「弁護士は金がかかるから親に迷惑をかけるぞ」、と警察が言うかもしれません。

　それもまちがいです。

　お金のことも、心配いりません。

　あなた自身も、親も、お金がない。

　そして、この３日間には「国選弁護」がないので、国も弁護士の費用を出してくれない。

　そんなときのために、日本中の弁護士全員がお金を出し合い、担当する弁護士に、そこからお金を出すしくみを作っています。

　お金がなくて犯罪をしてしまう環境にいる人ほど、自分自身を見つめ直し、立ち直っていくために、弁護士のサポートが必要なはずです。

　それなのに、お金がないから弁護士のサポートが受けられないというのでは、おかしいのです。

　だから、弁護士全員でお金を出し合っています。

　「こんな子に弁護士なんかつけなくていい」、と親が言うかもしれません。

　でも、逮捕という大事なときに、そんなことを親が言うのは、さみしいことです。

　警察につかまるよりも前から、あなたにとって、家は、さみしい場所だったの

ではないですか。

ひとりぼっちだったのではないですか。

そんな子どもほど、弁護士がサポートしていく必要があります。

親が弁護士を付けることに反対していても、あなた自身が弁護士をつけたいと思えば、付けることができます。

そして、弁護士は、そんな親とも、あなたの立場に立って話をします。

あなたが犯罪をしていないとわかれば、外に出られます。

犯した犯罪が軽いものであれば、3日間で捜査が終わることもあります。

捜査が終わって、「あとで家庭裁判所から呼び出しがあった時に自分でちゃんと裁判所に行けるだろう」と思ってもらえれば、外に出られます。

ただし、実際には、3日間で捜査が終わることは少ないです。

捜査が終わっていなくても外に出られることがあります。

「あとで警察などが呼び出しても、自分でちゃんと来るだろう。返す家もあるし、逃げてしまう危険もないし、証拠を隠したり他の人と口裏合わせをすることもないだろう」と思ってもらえれば、外に出られます。

早く出られるかどうかは、起きた事件がどんな内容かということはもちろん、あなたがどれだけ深く反省しているか、家がどんな状況か、被害者と話し合いができているか、など、いろんなことを見て決まります。

ですから、一つ一つの事件で進み方がちがうので、その全部を説明することができません。

ぜひ、すぐに弁護士を呼んで、あなたの事件の場合の見通しを聞いてください。

3日以内に外に出られなかった場合の、その後のことを、簡単に説明します。

ただし、一般的なことだけをわかりやすく書きますので、ここに書いたのとはちがう流れになることもありますから、注意してください。

②　勾留請求から 20 日

　逮捕後 72 時間のうちに、検察官が、「捜査を続けるためにもっと長くつかまえておきたい」と裁判官に連絡し、裁判官がこれを認めると、長くつかまったままになります【2】。

　この、長くつかまることを「勾留」と言います。

　返す家がない、逃げてしまうかもしれない、証拠を隠したり他の人と口裏合わせをするかもしれない、と思われたときに勾留されます【3】。

　ただし、子どもの場合は、大人の場合とちがって、本当に必要なときにしか勾留をしてはいけないことになっています【4】。

　場所は、そのまま警察署にとめおかれることがほとんどです。

　本当は警察署にとめおくことには問題があるのですが、実際はそうされています。

　原則 10 日間とめおかれ、捜査が終わらなければ、さらに最大 10 日間延ばされます【5】。

　しかし、実際には、「延ばすのが当たり前、20 日間とめおいて当たり前」というような、不当な取扱いが多いのです。

　日にちの計算は、検察官が裁判官に連絡した日（勾留請求の日）を 1 日目として数えます。

　この期間は、平日の昼間であれば、家族や友だちも、面会や差し入れができます。

　でも、共犯者がいると判断されたりして、面会や差し入れができないときもあります。

　そのときは、弁護士だけが面会や差し入れができます。

　ほとんどの事件では、この勾留のときから「国選弁護」が付くようになりました。

　弁護士が必要だけど、弁護士の知り合いもいないし、お金もない。

　そういう人に、国が弁護士を選んだり、その費用を出したりする。

　それが、国選弁護のしくみです。

　でも、上に書いたように、勾留よりも前の最初の 72 時間が大事ですから、逮

捕されたらすぐに弁護士を呼んでください。

日本中の
弁護士全員で
サポートしてます！

◎逮捕されたら
すぐに弁護士を
つけるように
言いましょう

◎弁護士は呼べます！
子どもでも
お金がなくても
親が拒否しても

③　家庭裁判所送致から４週間

　捜査が終わると、検察官が家庭裁判所に事件を送ります。

　そして、家庭裁判所での判断をするまでの間、「あなたがどういう人かを見極める必要がある」と裁判官が考えると、さらに長くつかまったままになります。

　これを、「観護措置（かんごそち）」と言います【6】。

　場所は少年鑑別所で、そこにとめおかれることになります。

　そして、４週間以内に裁判所での「審判（しんぱん）」が開かれます【7】。

　その審判で、家に帰っていいと言われることもあれば、施設（少年院など）に行きなさいと言われることもあります。

　この４週間、弁護士は「付添人（つきそいにん）」という名前で活動します。

　むかしは、子どもの裁判（少年審判）では、国選で付添人弁護士がつくことが、ほとんどありませんでした。

　でも、2014（平成26）年６月からは、少年審判でも、ほとんどの事件で、国

選で付添人弁護士が付くようになっています。

　ただ、裁判所が「必要ない」と考えたときや、軽い犯罪の裁判のときなどは、国選で弁護士は付きませんが、そんな時でも、弁護士全員で出し合っているお金で弁護士を付けることができますから、いずれにしても、すぐに弁護士会に連絡してください。

【1】　憲法38条1項　「何人（なんぴと）も、自己に不利益な供述を強要（きょうじゅつきょうよう）されない」
　　　刑事訴訟法198条2項　「前項の取調に際しては、被疑者に対し、あらかじめ、自己の意思に反して供述をする必要がない旨（むね）を告げなければならない」

【2】　刑事訴訟法205条1項　「検察官は、…被疑者を受け取ったときは、弁解（べんかい）の機会を与え、留置の必要がないと思料（しりょう）するときは直ちにこれを釈放（しゃくほう）し、留置の必要があると思料するときは被疑者を受け取った時から24時間以内に裁判官に被疑者の勾留（りゅうち）を請求しなければならない」
　　　同条2項　「前項の時間の制限は、被疑者が身体を拘束（こうそく）された時から72時間を超えることができない」

【3】　刑事訴訟法207条1項　「前3条の規定による勾留の請求を受けた裁判官は、その処分に関し裁判所又は裁判長と同一の権限を有する。…」
　　　刑事訴訟法60条1項　「裁判所は、被告人が罪を犯したことを疑うに足りる相当な理由がある場合で、左の各号の一にあたるときは、これを勾留することができる。
　　　一　被告人が定まった住居を有しないとき。
　　　二　被告人が罪証を隠滅（ざいしょう　いんめつ）すると疑うに足りる相当な理由があるとき。
　　　三　被告人が逃亡し又は逃亡すると疑うに足りる相当な理由があるとき。」

【4】　少年法43条3項　「検察官は、少年の被疑事件については、やむを得ない場合でなければ、裁判官に対して、勾留を請求することはできない」
　　　同法48条1項　「勾留状は、やむを得ない場合でなければ、少年に対して、これを発することはできない」

【5】　刑事訴訟法208条1項　「前条の規定により被疑者を勾留した事件につき、勾留の請求をした日から10日以内に公訴（こうそ）を提起しないときは、検察官は、直ちに被疑者を釈放しなければならない」
　　　同条2項　「裁判官は、やむを得ない事由があると認めるときは、検察官の請求により、前項の期間を延長することができる。この期間の延長は、通じて10日を超えることができない」

【6】　少年法17条1項　「家庭裁判所は、審判を行うため必要があるときは、決定をもって、次に掲げ（かか）る観護の措置をとることができる。
　　　1．家庭裁判所調査官の観護に付すること
　　　2．少年鑑別所に送致すること」

【7】　法律では、原則2週間、特に必要があるときに1回更新、となっていますが、2週間ではその子がどんな子かを見極めきれないので、更新されることのほうがふつうです。
　　　少年法17条3項　「…少年鑑別所に収容する期間は、2週間を超えることができない。ただし、特に継続の必要があるときは、決定をもって、これを更新することができる」
　　　同条4項　「前項ただし書の規定による更新は、1回を超えて行うことができない」

3：補導って何？

　夜、家に帰らずに友だちと街で遊んでいたら、警察に補導されました。
よく考えたら、補導って、いったい何ですか？

　補導は、子どもたちが悪い道に進まないようにするために、警察が、子どもに
注意をしたり、親や学校などに連絡をしたりすることです。

　補導は、細かく見ればいろんな種類があります。
　万引きに対する補導も多くあります。
　しかし一番多いのは、「不良行為少年」に対する補導です。

　「犯罪にあたることは、していない。犯罪をするかもしれない、ということで
もない。でも、このまま放っておくと悪い道に進んでしまうかもしれないような
ことをしている」。
　そういう子どものことを、警察は不良行為少年と呼んでいます。
　どんなことが不良行為にあたるかという例を、警察は17個挙げています。
　その中で補導の数がとりわけ多いのは、夜中に出歩くこと（深夜徘徊）と、た
ばこを吸うこと（喫煙）です。
　2020（令和2）年に不良行為少年として補導された子どもは33万人いますが、
このうち、深夜徘徊が18万人、喫煙が10万人ですから、この2つが補導のほ
とんどだということになります【1】。

　補導というのは、警察がその子に対して、「そういうことをしないように」と
注意をしたり、アドバイスをしたり、親に連絡をしたりすることです。
　特に必要があるときには、警察は、学校や職場にも連絡します。

　警察は、不良行為少年だということで親などに連絡をしたら、その補導の記録

を残します。

　その後、「実際に犯罪をした」とか、「このままだと犯罪をするかもしれない」という理由で家庭裁判所での審判を受けることになったら、裁判官は、それまでの補導の記録をあなたの処分を決めるための資料の一つにします。

　なお、警察から子どもへのその場の注意だけで、親などに連絡をしなかったときには、記録は残りません（この不良行為少年の補導の記録は、20歳になったら捨てられてなくなります）。

　実は、この「補導」は、法律で決められていることではありません。
　国会で国会議員たちが話し合って決めたルールではないのです。
　補導は、警察が作ったルールです【2】。

　夜に出歩いている子どもや、たばこで自分の体を傷つけている子どもに、声をかける大人たちの中の一人として、警察官も大切な役割をはたしています。
　しかし、警察は、犯罪をとりしまる強い力を持っています。
　そんな警察が、法律のわくぐみのないまま、その強い力で子どもに向き合うと、どうでしょう。
　子どもが守られるというよりも、かえって、子どもを追い詰めることにもなりかねません。
　だから、補導については、きちんと法律のわくぐみを作って、警察ができることと、警察がしてはいけないこととを、はっきりさせる必要があります。

　犯罪をしたわけでもない、犯罪をするかもしれないというわけでもない。
　だけれど、夜に出歩いたり、たばこで自分の体を傷つけたりしている。
　そういう子どもたちに必要なのは、犯罪をとりしまる警察の力ではありません。
　子どもたちに必要なのは、その子どもの話をきちんと受け止めてくれる大人と、「ここにいていいんだ」と子どもたちが思える居場所です。

警察が、子どもたちを、まるで危ない存在や犯罪者のように扱う。

　警察が、子どもを注意をするだけで、子どもの話をきちんと受け止めない。

　警察が、子どもにとって居場所になっていないかもしれない家や学校に、連絡をするだけ。

　そんなことでは、子どもたちの心のすきまが埋まることにはつながりません。

　かえって、子どもたちの立場から見れば、警察をはじめとするまわりの大人たちや、この社会のしくみに対して、不満や不信をつのらせてしまうのではないかと思います。

　私は、補導は、その子どもにいろんな大人がかかわることができるきっかけになるものであってほしいと思っています。

　そして、大人が子どもの話を受け止め、その子どもにちゃんとした居場所ができる、そのためのしくみであるべきだと思っています。

【1】　警察庁「令和2年中における少年の補導及び保護の概況」1-3-5-2表「不良行為少年の態様別補導人員の推移」
【2】　少年警察活動規則14条1項

4：殴り返すのは正当防衛？

　自分が殴られたら、そいつを殴り返しても、正当防衛で、罪にはならないんですよね？

　ちがいます。
　あなたが殴り返したら、犯罪です。

　「自分の身を守るためにしかたなくやったことなら、許される」。
　「正当防衛」という言葉は、ふだんそんな意味で使われていますね。

　その正当防衛は、刑法では、かなりかぎられた場面でしか成り立ちません【1】。

　今、相手のこぶしが、まさに自分の顔や体におそいかかろうとしている。
　そういう時でなければ、正当防衛は認められません。
　だから、相手があなたを殴り終わってしまったのなら、その直後であっても、あなたが殴り返してはいけないのです。
　そこであなたが殴り返してしまうと、あなたも罪に問われます。
　あなたが相手に殴りかかれば、相手にこぶしが当たっても当たらなくても暴行罪ですし、その結果相手がけがをすれば、傷害罪です。

　法律は、こう考えています。
　「相手から殴りかかられている、まさにその時は、それを防ぐためにあなたが反撃してもしかたがない。
　でも、相手があなたを殴り終わってしまったら、あなたがどんなに腹が立ってやり返したいと思っても、ぐっとがまんをすること。

150

そしてその腹立たしさは、警察にきちんと対応してもらったり、弁護士や裁判所の力を使って損害賠償を払わせたりして、法律できちんと解決すること」

　それが、法律の大事なルールなのです。

　もし、相手がまさに今、殴りかかってきていて、それにあなたが反撃するのが正当防衛として認められそうなときでも、バランスが取れている反撃でなければいけません。

　たとえば、相手が素手で殴りかかってきているのに、あなたがナイフで刺し返して、相手が大けがをしたり亡くなったりすれば、犯罪になります【2】。

　また、相手からまさに今、殴りかかられているとしても、

　もともとは、あなた自身が相手を挑発していて、わざと殴りかかられる原因を作っていたとしたら、

　あなたが反撃しても、それは正当防衛ではなく、やはり犯罪になります【3】。

　この正当防衛の質問は、少しやんちゃな子どもたちと雑談をしているときに聞かれることが、けっこう多いです。

　「殴る力で相手をやっつけられれば、自分の強さがわかって、かっこいい」

　心の中でそんなふうに思いながら、私に質問してくれるのだろうと思います。

　でも、法律は、

　どんな人であっても、一人ひとりが大切な存在として扱われ、尊重されること、

　毎日の暮らしを安心して過ごし、幸せな人生を送れること、

　そのことを大事にしています。

　もし、トラブルが起きたときに殴る力で解決する世の中だったとしたら、殴る力の強いほうがいつも勝ってしまいます。

　強い人のほうがまちがっていても、そうなってしまいます。

誰もが、「いつ殴り合いになるかわからない」という不安な毎日を過ごさなければいけませんし、力が弱い人はいつも負けるのですから、幸せな人生を送ることもできません。

**　だから、そんなふうに力で解決する世の中ではなく、みんなで決めた法律というルールで解決する社会であること。**

**　もし、殴るというまちがったことをした人がいたら、殴り返してしかえしをするのではなく、法律でその人に責任を取らせる社会であること。**

**　それが、とても大事なのです。**

　もし万一、あなたが、自分よりも弱い人に向かって力を使っているのなら、
　それは、強くないどころか、とてもひきょうなことです。

　今、思春期のあなたは、大人たちや社会のしくみの、まちがったところやおかしなところに、気がつき始めていると思います。
　そういう、あなたよりももっと強くて大きなものに向かって、たたかっていくこと。
　それも、殴ったりする暴力という力ではなく、
　法律のルールに則ってたたかっていくための力や、
　法律そのものがまちがっている時に、みんなで話し合って法律を良い方向に変えていくための力、
　そういう力をあなたが発揮していくのなら、あなたは、本当の意味での強さがある、かっこいい人だと思います。

　そして、そういう力を発揮することこそが、あなたやこの社会を「正当」に「防衛」する、とても大事なことだと、私は心から思います。

【1】　刑法36条1項　「急迫不正の侵害に対して、自己又は他人の権利を防衛するため、やむを得ずにした行為は、罰しない」
【2】　過剰防衛と言います（刑法36条2項）。
【3】　東京高裁平成8年2月7日判決・判例時報1568号145頁

5：彼女が電車で痴漢に遭った

　彼女が、昨日、電車で痴漢に遭いました。その場で叫んで、犯人は捕まったみたいです。彼女は警察で長時間事情を聞かれたのに、また明日も警察に呼ばれてるそうで、「行きたくない」と悩んでます。行かなくても特に問題はないんですか。あと、僕からは彼女に、これからは、電車に乗る時間を変えるとか、女性専用車を使うようにとか、スカートを少し長めにしたら、とアドバイスしたんですが、僕が彼女のために他にできることはありますか。

　自分の大切なパートナーが痴漢の被害に遭ったと聞いて、びっくりし、腹立たしい気持ちになりましたよね。
　きっと彼女も、気持ち悪さや戸惑い、怒りや悔しさなど、いろんな気持ちがわきあがっただろうと思います。

　痴漢の被害を受けた人はなかなか声を上ることができず、それをいいことに犯人たちは痴漢をくりかえしています。
　多くの10代の女性が、痴漢の被害に遭っています【1】。
　今回、彼女が勇気を出して声を上げたことは、自身を守るだけでなく、他の人たちを守ることにもつながる、すごいことです。

　痴漢の被害に遭ったことに、「それはいやだったよね」と彼女の気持ちに寄り添い、勇気を出して声を上げたことに、「すごいね、大変だったね」と言葉をかけること。
　それが、あなたが彼女のためにできること、してほしいことです。

　そういった共感は、法律の手続のアドバイスと同じかそれ以上に、被害を受けた人の心の支えになります。

私たち弁護士も、犯罪の被害に遭った人の相談を受けるときには、共感することをとても大事にしています。

　電車に乗る時間を変える、女性専用車を使う、などのアドバイスは、今後痴漢に遭わないようにするためには、たしかに意味のある対策かもしれません。

　でも、今回彼女が痴漢に遭ったのは、彼女のせいではありません。
　悪いのは、痴漢をした犯人のほうです。

　相手に共感する言葉がないままのアドバイスだと、それを言われたほうは、「痴漢に遭ったのは、そうしなかった自分の落ち度だ」と、責められているように感じられます。
　被害自体で傷ついているのに、身近な人の言葉で、さらに傷ついてしまうのです。

　「女性の側にも、落ち度があったんじゃないの」。
　この社会では、女性が受けた性的な被害について、そういう根拠のない偏見を言う人が、たくさんいます。
　その偏見に傷ついている人が多くいるということを、ぜひ心にとめておいてください。
　そして、あなたの思いが、そういった偏見と同じと誤解されないように、アドバイスよりも、彼女に共感する言葉のほうをかけるようにしてください。

　痴漢の犯人と疑われた人のその後の処分には、20歳以上なら、いろんなパターンがあります。

　人ちがいだったとか、証拠が足りないという理由で、裁判にかけられずに終わったり、「痴漢をしたけども、十分に反省しているし、被害者にも謝っている」と

いう理由で、裁判にかけられずに終わることもあります。

　痴漢をしたことを認めている場合には、書類だけの簡単な裁判で、罰金を払って釈放される手続もあります。
　罰金も刑罰ですから、前科として扱われます。

　痴漢の程度がひどい、犯罪をくりかえしている、弁解ばかりして反省していないなど、いろんな事情から、法廷での裁判を受けることもあります。

　あなたの彼女は、長い時間警察から事情を聞かれたのに、また警察に呼ばれているのですね。

　裁判で犯人を処罰するためには、「この人がこんな犯罪をした」ということが、しっかり証明できていないといけません。
　その証明のハードルは、とても高いのです。

　痴漢は証拠が残りにくい犯罪です。
　そして、混んでいる電車では、犯人の取りちがえが起きてしまうこともあります。
　やってもいない犯罪で処罰される冤罪（えんざい）は、絶対にあってはならないことです【2】。
　だから警察は、犯人と疑われている人と被害を受けた人、それぞれの言い分を、慎重に調べなければいけません。

あなたの彼女がまた警察に呼ばれているのも、そのためです。

でも、被害の話を何度も長い時間聞かれるのは、とてもつらいですよね。

被害を受けた人が、警察に話をするかどうかは、あくまで自由です。

話したくないのなら、断ってもかまいません。

また、話すとしても、事情を説明して、話をする場所をどこにするかなど、不安を感じることのないよう警察に配慮を求めてもかまいません【3】。

もしかしたら、犯人側の弁護士から、彼女に連絡があるかもしれません。

犯人がお金を払って謝りたいという連絡です。

そういう話し合いを、「示談」と言います。

示談は法律的な約束ごとですから、彼女がまだ18歳でなければ、相手の弁護士との話し合いは、彼女一人でするのではなく、彼女の親と一緒に進めます。

これから先、彼女がどう対応していけばよいかについて、犯罪の被害に詳しい弁護士からアドバイスを受けたり、その弁護士に依頼したりすることもできます。

あなたから彼女に、そういう窓口を伝えるのもよいと思います【4】。

被害を受けてつらい思いをしているパートナーの気持ちに、ぜひしっかりと寄り添ってください。

私は、痴漢をなくしていかなければならない、と思うとともに、

みなさんが働き始めてこれから先何十年もずっと、満員電車に乗らなければならない社会であってはいけないとも、思っています。

見知らぬ人どうしが、ぎゅうぎゅうにくっつくことに耐えなければいけない満員電車は、それ自体が、人間の暮らしとして異常なことです。

ましてやその中で、痴漢というひきょうな犯罪が起きやすくなり、その被害で

つらい思いをする人々がたくさんいて、時には、痴漢の犯人にまちがわれて大変な思いをする人もいます。

　混んでいる駅の中で、駅員に対する暴力や人身事故も多く起きています。

　満員電車での通勤の負担が過労死の原因になっているケースも多くあります。

　今回のことをきっかけにして、満員電車が当たり前の風景になってしまっていてよいのか、一人ひとりが大切にされる社会のありかたについても、考えてみてほしいと思っています【5】。

【1】　2010（平成22）年1月8日から15日、4月15日から21日、9月6日から10日に、首都圏で検挙された痴漢のケースで、被害者は15〜19歳が全体の約半分（49.7%）にも及んでいました。（平成23年3月警察庁・痴漢防止に係る研究会「電車内の痴漢撲滅に向けた取組みに関する報告書」）

【2】　実際に痴漢冤罪が問題になったケースとして、矢田部孝司・あつ子『お父さんはやってない』（太田出版、2006）と、その実話をベースとした映画「それでもボクはやってない」（2007、周防正行監督）があります。

【3】　犯罪捜査規範10条の2第1項　「捜査を行うに当たっては、被害者又はその親族…の心情を理解し、その人格を尊重しなければならない」
　　　同条2項　「捜査を行うに当たっては、被害者等の取調べにふさわしい場所の利用その他の被害者等にできる限り不安又は迷惑を覚えさせないようにするための措置を講じなければならない」

【4】　各弁護士会の犯罪被害者法律相談窓口
　　　https://www.nichibenren.or.jp/activity/human/victim/whole_country.html
　　　法テラス犯罪被害者支援　0120-079714
　　　（https://www.houterasu.or.jp/higaishashien/index.html）

【5】　法律は、一人ひとりが、大切な人間として尊重されること、物や人形や奴隷ではなく、人間として大切にされることを、だいじにしています。
　　　憲法13条　「すべて国民は、個人として尊重される。生命、自由及び幸福追求に対する国民の権利については、公共の福祉に反しない限り、立法その他の国政の上で、最大の尊重を必要とする」
　　　憲法18条　「何人も、いかなる奴隷的拘束も受けない。…」

6：路上ライブを警察に止められた

　友だちと二人でフォークギターのユニットを組んで駅前の歩道で路上ライブをしていたら、警察官に止められて交番に連れて行かれ、「もう二度としない」と誓約書を書かされました。路上ライブって犯罪になるんですか？

　「道路交通法」という法律が、人や車が安全に通れるように、道路のルールを細かく決めています。

　道路で工事をする、
　銅像や広告を置こうとする、
　屋台などのお店を出そうとする、
　そういったときには、警察に申請をして、許可をもらいます。

　警察は、「人や車が安全に通れるから大丈夫」、「条件を付ければ安全だ」、そう判断したら許可を出さなければいけないことになっています。
　その警察の許可をきちんともらわないで、工事をしたり、銅像や広告を置いたり、屋台などのお店を出したりしたら、犯罪として処罰されます【1】。

　ところが、道路交通法には「路上ライブをするときに警察の許可がいる」とは書いてありません。

　実は、路上ライブについては、道路交通法という法律ではなく、都道府県の「公安委員会」がつくったルールで、「警察の許可が必要」とされています【2】。
　公安委員会というのは、警察の上にある、警察を管理する組織のことです。

道路交通法は、

「工事をする、銅像や広告を置く、屋台を出す以外にも、警察の許可が必要なものを都道府県の公安委員会が決めていい」

　と、一部をまかせています。

　しかし、公安委員会が何でもかんでも好き勝手にルールを決めていいわけではありません。

　法律は、選挙でみんなから選ばれた議員が議会で作ったものです。

　でも、公安委員会の人たちは選挙で選ばれていません。

　だから、公安委員会は、法律が決めたワクの中でしかルールを決められないのです。

　道路交通法が言っているのは、次のようなことです【3】。

「お祭りや、映画・テレビの撮影みたいに、人や車が通ることに『著しい』影響があるときには、警察の許可がいる。

　お祭りや映画・テレビの撮影以外にどんなものがあるかは、都道府県の公安委員会で決めてください」

「著しい」というのは、「とても大きい」という意味です。

　この「著しい影響」というのが、法律が作ったワクなのです。

　たしかに、路上ライブの演奏に聴き入ってくれる人たちがその場に立ち止まれば、その道路を通る人たちの行き来に多少の影響はあるでしょう。

　でも、その影響はお祭りや映画・テレビ撮影ほどの「著しい」ものではないはずです。

**　人の行き来に「著しい」影響まではない路上ライブなら、警察の許可をもらう必要はないのです。**

路上でビラを配ることも、法律ではなく、公安委員会のルールで「警察の許可が必要」とされています。

　これまで、警察の許可なく路上で政治的な意見を書いたビラを配った人が、警察から止められたり、逮捕されたりして、裁判になったケースがいくつかあります。
　それらすべてのケースで、裁判所は、
　「そのビラ配りは、人や車が通るのに『著しい影響』まではなかった。
　だから、そもそも警察の許可が必要なかった。
　警察が止めたり、逮捕するのはおかしい」
　そう言っています【4】。

　もちろん、路上ライブの内容や、演奏する場所・時間によっては、人の行き来に「著しい」影響が出てしまうものもあるでしょう。
　また、将来、あなたたちのユニットがとても人気になって、路上ライブにたくさん人が集まり、人の行き来に「著しい」影響が出ることがあるかもしれません。
　そういう場合には、きちんと警察に許可をもらうための申請をしてください。
　もし、申請をしても警察がまったく許可しないなら、弁護士に相談してください。

　どんな人にも、「表現の自由」があります【5】。
　自分の思いや、気持ちや、考えを、いろんな形で表現することは、
　その人自身にとっても、
　その表現を受け取る人にとっても、
　そして、社会全体にとっても、
　非常に大切なことです。
　いろんな人のいろんな表現が行き交い、混じり合うことで、一人ひとりが成長していくことができ、そして社会も豊かなものになるからです。

だから憲法は、表現の自由をとても大事なもの、よっぽどのことがなければ制限できないものとしています。

　お金や財産のこともちろん大切ですが、
　表現の自由は、お金や財産のことよりも、よりいっそう大事にされなければならないのです。

　ところが、実際には、
　お金もうけのためにいろんなお店がビラをたくさん配り、駅前で大音量の音楽を流して宣伝していても、警察は止めないのに、
　若い人たちが、素朴な気持ちや真面目な意見を音楽に乗せて路上ライブをしていると、すぐに止めに来てしまいます。
　これは、まったくおかしなことです。

　道路は、みんなのもの、公共のスペースです。
　そして、「表現の自由」は社会にとって非常に大切なものです。
　だから、道路は、単に人や車が移動するためだけの場所ではなく、
　いろんな人の思い、気持ち、考えが行き交う、表現のための場所でもあるのです。

　道路交通法は、「表現の自由」と「人や車の安全」とのバランスをとるように作られています。
　それなのに、警察が「人や車の安全」ばかりを大切にし、それを理由にして「表現の自由」をないがしろにするのは、あってはならないことです。

　今、多くの若い人たちが、首相官邸前や国会前で抗議行動をしたり、デモやパレードをしたりして、いろんな形で路上で声を上げています。
　私は、それをとても嬉しく、とても心強く思っています。

私たちの大切な社会を守り、そして、よりいっそう良いものにしていくために、子どもも大人も、それぞれが、自分の思い、気持ち、考えを、公共のスペースで表現できる世の中であり続けることが必要なのです。

　ぜひ路上ライブを続けて、道を行き交う人たちにあなたたちの思いを届けてください。

【1】　道路交通法 77 条 1 項　「次の各号のいずれかに該当^{がいとう}する者は、それぞれ当該各号に掲^{かか}げる行為^{こうい}について当該行為に係る場所を管轄^{かんかつ}する警察署長…の許可…を受けなければならない。
　　一　道路において工事若しくは作業をしようとする者又^{また}は当該工事若しくは作業の請負人
　　二　道路に石碑^{せきひ}、銅像、広告板、アーチその他これらに類する工作物を設けようとする者
　　三　場所を移動しないで、道路に露店、屋台店その他これらに類する店を出そうとする者
【2】　たとえば東京都道路交通規則 18 条（6）
【3】　道路交通法 77 条 1 項四号　「前各号に掲げるものの他、道路において祭礼行事をし、又はロケーションをする等一般交通に著^{いちじる}しい影響を及^{およ}ぼすような通行の形態若しくは方法により道路を使用する行為又は道路に人が集まり一般交通に著しい影響を及ぼすような行為で、公安委員会が、その土地の道路又は交通の状況により、道路における危険を防止し、その他交通の安全と円滑^{えんかつ}を図るため必要と認めて定めたものをしようとする者」
【4】　東京高等裁判所昭和 41 年 2 月 28 日判決（高等裁判所刑事判例集 19 巻 1 号 64 頁）、大阪地方裁判所昭和 55 年 11 月 26 日（判例時報 992 号 21 頁）、千葉地方裁判所平成 3 年 1 月 28 日判決（判例時報 1381 号 89 頁）
【5】　憲法 21 条 1 項　「集会、結社及び言論、出版その他一切の表現の自由は、これを保障する」
　　児童の権利に関する条約（子どもの権利条約）12 条 1 項　「締約国は、自己の意見を形成する^{ていやくこく}^{じこ}能力のある児童がその児童に影響を及^{およ}ぼすすべての事項について自由に自己の意見を表明する権利を確保する。この場合において、児童の意見は、その意見の年齢及び成熟度に従^{したが}って相応に考^{そうおう}慮されるものとする」
　　同条約 13 条 1 項　「児童は、表現の自由についての権利を有する。この権利には、口頭、手書き若しくは印刷、芸術の形態又は自ら選択する他の方法により、国境とのかかわりなく、あらゆる種類の情報及び考えを求め、受け及び伝える自由を含む」

7 : 少年院ってどんなところ？

少年院ってどんなところですか？　刑務所とどうちがうんですか？

　少年院は、犯罪をした子どもや、犯罪をするかもしれない子どもを立ち直らせるための施設です。

　12 歳や 13 歳の子どもであっても少年院に入ることがあります。
　しかし実際は、少年院に入る時の子どもの年齢は、16 歳から 19 歳がほとんどです【1】。

　少年院にいる期間は、1 年くらいが基本です【2】。
　でも、本人の立ち直りが遅ければ、2 年くらいまで伸びることもあります。
　(最初から半年以内を目安として少年院に送られるケースもあります)。

　なので、18 歳や 19 歳で少年院に入り、少年院を出る時には 20 歳以上の人も多くいるのです。
　少年院にいられる上限は、22 歳の最後の日までです。
　ただ、そのぎりぎりまで少年院にいることは、まずありません。

　病気などで医療が必要な人には、そのための少年院があり、そこは、25 歳の最後の日までが上限です。

　少年院も、刑務所と同じように、中のルールがとても厳しく、自由はとても少ないです。
　1 日の生活の流れが決まっていて、私語もダメですし、号令に従って、きびき

びと動かなければいけません。

　しかし、少年院は、刑務所ととても大きなちがいがあります。

　刑務所で受けるのは、仕事をさせられる懲役や、部屋の中で過ごす禁錮という、「刑罰」です。
　でも、少年院で受けるのは、刑罰ではありません。
　少年院で行われるのは、「教育」です。

　きちんとした社会のメンバーとなるための知識や態度を身につける生活指導では、職員と面接したり、日記・作文を書いたりして、自分自身と向き合うことが求められます。
　職業指導では、働こうという気持ちを高めて、働くための知識や技術を身につけます。少年院の中で、溶接や機械運転、パソコンなどの資格を取る人もいます。
　教科指導では、生活を送るうえで必要になる学力を身につけることを目的とします。中には、高卒認定試験に合格する人もいます。
　そういった教育が、集団生活の中で行われます。

　少年院の職員の人たちは、厳しく、そして熱く子どもたちと向き合っています。

　家や学校、地域の中で、大人たちから大切な存在として扱われず、居場所がなかった子どもたち。
　その多くが、少年院での教育、職員との出会いとかかわりを通して、立ち直っていきます。
　そして、社会に戻るためのサポートを受けながら、少年院から巣立っていくのです。

　私たち弁護士は、犯罪をしてしまった子どもが、少年院に行かなくても、社会の中で立ち直れるように活動しています。

「少年院は、子どもが立ち直るための最後の場所であって、簡単に子どもを少年院に入れてはいけない」、

日本にかぎらず世界中でそう確認しています【3】。

しかし、少年院は、そういう一番最後の大事な施設だからこそ、そこに入った子どもたちに、真剣に向き合う場所なのです【4】。

少年院での教育が「刑務所の刑罰よりもラク」などということはありません。

刑務所の刑罰は、その人をこらしめるためのもの、その人の外から押し付けられるものです。

でも、少年院での教育は、その人が立ち直るよう、その人が自分自身の中から変わっていくことを厳しく求められます。

そこに甘やかしはありませんし、けっしてラクなものなどではありません【5】。

先日、私の引率で少年院を見学した大学1年生が、こう話してくれました。

「たしかに厳しい環境だけれど、それより前に見学した刑務所とちがって、少年院は、全寮制の学校のような印象が、深く心に残った。

ここで子どもたちが『育て直し』をされているのだと思った」

それは、くしくも私が大学1年生のときに、初めて刑務所と少年院の両方を見学して受けた印象と同じです。

ところが、そうやって少年院の現場を実際に訪れることもなく、少年院にいた人たちや、少年院の職員たちの話を知ろうともしないで、

「大人とちがい、1年や2年のあいだ少年院にいるだけで社会に戻れるなんて、犯罪をおかした子どもに、法律は甘い。もっと厳しくするべきだ」、

そう考える人がいます。

もともとむかしから、事件によっては、20歳になっていない人でも、少年院ではなく刑務所に送られることは、ありました。

しかし、「法律が甘い」という声を受けて、子どもたちが刑務所に送られやすい方向に、これまでも少年法は変えられていました。

　そして、最近、選挙で投票できる年齢や成人する年齢が20歳から18歳に引き下げられたのに合わせて、
　「少年法も改正して、少年院に入れる年齢の上限を下げて、犯罪をした18歳・19歳は、大人と同じ責任を負わせるべきだ」、
　そういう議論が出てくるようになりました。

　しかし、いままで18歳・19歳に少年院での最後の「育て直し」のチャンスがあったのに、
　もし少年院に入れる年齢の上限が下がってしまうと、
　犯罪をしても、裁判にかけられないままだったり、裁判さえ終わればあとはそのまま社会に放り出されるだけだったり、刑務所で刑罰を押しつけられるだけだったりします。
　それでは、最後の「育て直し」のチャンスがなくなってしまいます。

　そこで、2022（令和4）年4月に成人年齢が18歳に下がったあとも、
　18歳・19歳は引き続き少年法の対象のままで、少年院で「育て直し」が受けられることになりました。
　（ただし、18歳・19歳を「特定少年」と呼んで、17歳以下の場合よりも大人に近い扱いがされる場面も増えました。たとえば、大人と同じ裁判を受けて刑務所に送られる事件の範囲が17歳以下よりも広くなったり、大人と同じ裁判が始まったあとは実名報道が認められることなどです。）

　家・学校・地域できちんと大切にされず居場所のなかった子どもたちにとって、少年法と少年院がどのような役割を果たしているか、
　それを、皆さんも実際によく見て、考えてみてほしいと思います。

【1】　少年矯正統計少年院 2020 年「9　少年院別　新収容者の年齢」 2020（令和 2）年の総数 1624
　　　人のうち、12 歳以下：1 人、13 歳：2 人、14 歳：42 人、15 歳：96 人、16 歳：218 人、17 歳：
　　　365 人、18 歳：407 人、19 歳：492 人、20 歳以上：1 人

【2】　2020（令和 2）年の長期処遇対象者のうち、仮退院までの平均在院日数は、383 日でした（少年
　　　矯正統計少年院 2020 年「36　少年院別　仮退院者の在院期間（SE、SA 対象者以外）」）。

【3】　少年司法運営に関する国連最低基準規則（1985 年、通称「北京ルールズ」）18 条 1、19 条、児
　　　童の権利に関する条約（子どもの権利条約）40 条 1 項、4 項

【4】　しかし、2009（平成 21）年、広島少年院で法務教官たちが少年院に入っている人たちに暴力をふるっ
　　　ていたことが明らかになりました。少年院法という法律は、もともとは、条文の数が少ない法律
　　　で、1949（昭和 24）年に施行されてからこれまで、大幅な改正が一度もされずにいたのですが、
　　　広島の事件がきっかけとなって、少年院法が大きく変わりました（2015 ＜平成 27 ＞年 6 月から
　　　施行）。少年院にいる人たちの取り扱いについて法律できちんとルールが決められ、処遇に不満が
　　　ある場合の救済のしくみや、外部の人が少年院の状況をチェックするしくみができました。

【5】　「少年院や保護観察などの教育方法は、少年の生活意識や態度を根本から改めさせるために、少年
　　　自身の努力によって非行性を克服させようとするものであり、少年自身にとって非常に厳しい自
　　　己錬磨が要求されるのです。そこには甘やかしの要素はほとんど入ってきません。刑罰が、その
　　　懲罰的な性格により他律的改善を図る手段であるとすると、保護処分は、自律的改善を少年に強
　　　制する手段だということになります」澤登俊雄『少年法』（中央公論社、1999）8 頁

第

4

章

犯

罪

8：死刑

　犯罪をしたときに 18 歳・19 歳だった人は、死刑を言い渡されることがありえます。

　19 歳以下と、20 歳以上では、犯罪をしたときの裁判がちがいますが、
　やってしまったことの中身や、その子の反省の深さ・浅さ、性格や年齢、その子のまわりのことなど、いろんなことをもとに、19 歳以下でも、大人と同じような刑事裁判を受けることがあるのです。
　そして実際に、犯罪をしたときにまだ 18 歳・19 歳だった事件で、刑事裁判で死刑判決が言い渡されたケースがあります。

　他方で、犯罪をしたときに 18 歳になっていなかった場合は、死刑判決を言い渡すことはできないことになっています。
　これは、日本だけでなく、世界中で約束していることです。
　若いうちは、これから先まだ良い方向に人間が変わっていくこともありえるし、若いほど、本人の責任だけでなく、まわりや社会の側の責任も大きい。
　それが、18 歳になっていない子どもの犯罪で、死刑にしてはいけないとされる理由です。

　「死刑にならないのでは刑が軽い」と考えるのは、まちがいです。
　普通なら死刑が言い渡されるような事件なら、犯罪のときに 18 歳未満だと、無期刑が言い渡されることになっています。
　文字通り、刑務所にずっと閉じ込められたままで、「いつになったら出られる」という終わりがありません。
　刑務所の中でまじめに暮らしていれば外に出られる「仮釈放」という制度もありますが、簡単に認められるものではありません。
　無期刑で、50 年以上刑務所の中にいる人や、亡くなるまで刑務所の中にいる

人も多くいます。

今、世界のうち3分の2を超える国々では、死刑がありません。

1989（平成元）年、世界の国々が死刑をやめようと確認したのですが、日本はその確認の輪の中に入っていませんでした。

先進国の中で、今も国として死刑を続けているのは、日本だけです【1】。

世界の大きな流れとは逆に、日本では、死刑が必要だと考える人がとても多く、死刑をめぐっていつも議論になります。

どんな人も、一人ひとりが、大切な存在として扱われる、尊重されるということ。

それが、法律が一番大切にしていることです。

だからこそ、法律は「人を殺してはいけない」としていますし、重い犯罪をしてしまった人に厳しい罰を科すことはもちろん必要です。

でも他方で、「犯罪をしてしまったその人が、それまでこの社会の中で大切な存在として扱われてきたのだろうか」ということも、この社会の私たち一人ひとりが、よく考えなければいけません。

死刑の制度を続けるか、なくすかは、いろんな考え方があります。

「どんな人でも、一人ひとりが、大切な存在として扱われるということ」。

法律の一番大切なそのメッセージをふまえて、

犯罪をしてしまった人、犯罪の被害を受けた人、死刑制度に賛成の人、反対の人、

いろんな立場の人の話や意見をよく聞き、あなたなりにしっかりと考えてみてほしいと思います。

【1】　ＯＥＣＤ（経済協力開発機構）加盟国（34 か国）の中で、死刑があるのは日本・韓国・アメリカの3か国だけですが、韓国とアメリカの 18 州は、死刑を廃止したり停止したりしています（アメリカは州ごとに法律がちがうので、アメリカという国全体で死刑が統一して行われていないということです）。日本弁護士連合会 2013 年 12 月 12 日「死刑執行に強く抗議し、改めて死刑執行を停止し死刑廃止について全社会的議論を開始することを求める会長声明」

9：実名報道

　新聞やテレビのニュースでは、犯罪をした子どもの名前や顔が出てきませんね。

　少年法という法律が、「その子が誰かわかるような記事や写真を載せてはいけない」と、決めています。
　犯罪をした子どもの情報を流さないようにすることは、日本だけではなく、世界の国々とのあいだで確認していることです。
　いったいそれはなぜなのでしょう。

　子どもでも、大人でも、犯罪をしてしまったら、きちんと罪をつぐなって、立ち直っていくことが必要です。
　でも、立ち直ろうとしても、どこに行っても、誰もが、その人の名前や顔を知っていて、「この人は犯罪をした人だ」と、簡単にわかってしまうと、
　その人が仕事や家を探すときに断られてしまったり、いろんな人たちと知り合っていくときに避けられてしまったりします。
　きちんとした仕事や家や人間関係を持てない、自分の居場所がない暮らしでは、立ち直りは難しくなります。

　居場所のないつらい暮らしが続いて、立ち直ることが難しいと、また犯罪に手をそめてしまうことにもなりかねません。
　もしそんなことになれば、新たな被害者が傷つき、立ち直れなかったその人もまた傷つき、そして、一人ひとりが大切にされるはずの、私たちのこの社会自体が傷ついてしまうのです。

　大人ですら、名前や顔がニュースに出てしまうと、そういう大変さがあります。
　ましてや、子どもは大人よりも傷つきやすいし、これから先、良い方向に変わっていける力を大人よりも持っています。
　だから、子どもが犯罪をしてしまったとき、その子の名前や顔を、ニュースに

出さないようにしているのです。

　子どもが大きな犯罪を起こしてしまったときに、
　私たち社会が、その事件にどう向き合い、これからどう取り組んでいくべきか、
　それをみんなでまじめに考えるときに、犯罪をした子の名前や顔を知ることが、ほんとうに必要でしょうか。
　名前や顔がわからなければ、まじめに考えたり議論したりすることができないのでしょうか。
　そんなことはないはずです。

　犯罪をした子ども、被害を受けた人、私たちの社会、それらについて一生懸命考えようとするのではなく、
　単なる興味本位で犯人の名前や顔を知りたいだけという人が、残念ながらたくさんいます。
　そういう人が多い中では、犯罪をしてしまった人は、居場所のないままで、立ち直っていくことが難しいですし、
　社会のありかたもまじめに議論されないままで、また別の悲しい事件が起きてしまいます。

　事件を起こした子どもの名前や顔を知ることよりも、
　「なぜその子どもが犯罪をしてしまったのか」を知り、
　それをふまえて、「どうしたら子どもたちが犯罪をしない社会にできるのか」をまじめに考え、行動すること、
　それこそが、この社会にとって一番必要なことだと、私は思います。

（2022年4月、成人年齢の引き下げに合わせて少年法が改正され、18歳・19歳のときにした犯罪で大人と同じ裁判が始まった後は、実名報道が認められることとなりました）

解 説 ……… 渡辺 雅之

　この章で述べられていることは、犯罪に関わるような重い課題が多いですね。生まれてこの方、「悪い」ことをしたことがないという人はいないでしょう。ささいなイタズラから、刑法や民法上の問題（犯罪）に関わることまでの差はあったとしても。とくに、10代の頃は背伸びをして大人の真似をして「かっこうつけたい」ものです。酒やタバコはその典型でしょう。山下さんは次のように書いています。

　　　たばこが吸えたり、お酒が飲めたりすると、なんとなく大人になった
　　気分がしてかっこいいと思うかもしれません。
　　　でも、大人どうしの世界では、正直なところ、そんなイメージはあり
　　ません。人としてのかっこよさは、たばこやお酒のような物で身につけ
　　るものではなく、もっとちがうところで見られるものです。(p.136)

　なるほどなと思います。そして「正当防衛」のところでは、とても大切なことを伝えてくれています。それは以下の部分によく表れています。

　　　もし、トラブルが起きたときに殴る力で解決する世の中だったとした
　　ら、殴る力の強いほうがいつも勝ってしまいます。(p.151)

　殴られたら、やり返さないと「かっこう悪い（かっこがつかない）」と考える人も多いかもしれません。タバコや酒もそうですが、「やらないよりもやったほうがかっこいいから」が動機のひとつでしょう。しかし、本当にかっこいいとは、"正しいと思うことを貫くこと"です。この社会は様々な問題であふれています。それらを暴力で解決するのか、時間はかかっても正しい方法で解決するのかが問われているのです。

　とは言え、理屈はそうであっても人は様々なまちがいをおかします。「若気の至り①」という言葉がある通り、とくに若い世代にまちがいは付き物です。場合によっては逮捕や補導というケースになることもあるでしょう。しかし、失敗しても「人はやり直せる」のです。そのためにも、何が失敗の原因だったのか、どうすればよかったのか、これからどうしていくのか…それらの問いを自分に向けて何度も問い返す

必要があると思います。「悪い」ことをしてしまった場合は、簡単に他人のせいにせず、苦しくても自分としっかり向き合ってほしいと思います。ただし、これは大人でも容易なことではありません。弁護士や周囲の人のアドバイスを受け止める気持ちを持つことも必要でしょう。

　しかし、"起きたこと全部がその人の責任"という考え方もまたちがいます。この本には痴漢の被害にあった彼女のことが述べられています。

　　　「女性の側にも、落ち度があったんじゃないの」。
　　　この社会では、女性が受けた性的な被害について、そういう根拠のな
　　い偏見を言う人が、たくさんいます。(p.154)

　短いスカートを履いていたから、夜道を歩いていたから、胸元の開いた服を着ていたから…そんな理由で「痴漢にあったのはあなたに責任がある」と訳知り顔で言う人がいます。

　リスク（危険）を回避することが必要だとしても、「それが足りなかったから痴漢にあっても仕方がない」という理屈は、本当に悪いもの（痴漢という犯罪）を見逃すことです。

　路上で暮らす人たちを「あの人たちは努力不足でああなったのだ─自己責任だ」という理屈とつながっています。ある意味、自己責任というのは魔法の言葉です。社会で生み出されている貧困格差や女性差別に目をつぶって、問題を個人の責任にしてしまうのです。目をつぶるということは、その問題に手をつけなくてもいいということを意味しています。

　山下さんは、こうしたことについて本文の中で、とても大切な視点を私たちに示しています。

　　　私は、痴漢をなくしていかなければならない、と思うとともに、
　　　みなさんが働き始めてこれから先何十年もずっと、満員電車に乗らな
　　ければならない社会であってはいけないとも、思っています。
　　　見知らぬ人どうしが、ぎゅうぎゅうにくっつくことに耐えなければい
　　けない満員電車は、それ自体が、人間の暮らしとして異常なことです。
　　　ましてやその中で、痴漢というひきょうな犯罪が起きやすくなり、そ

の被害でつらい思いをする人々がたくさんいて、時には、痴漢の犯人に
まちがわれて大変な思いをする人もいます。
　混んでいる駅の中で、駅員に対する暴力や人身事故も多く起きていま
す。満員電車での通勤の負担が過労死の原因になっているケースも多く
あります。
　今回のことをきっかけにして、満員電車が当たり前の風景になってし
まっていてよいのか、一人ひとりが大切にされる社会のありかたについ
ても、考えてみてほしいと思っています。(p.156,157)

　とても大切な視点です。繰り返しますが、自己責任論は「負けたのは努力が足り
ないから、能力不足でその人個人に責任がある」という考え方です。こうした考え
方が隅々にまで広がれば、誰にとっても「冷たい社会」になってしまいます。ハウ
スレスになる人、生活保護を受ける人、リストラされて失業保険をもらう人…「失
敗も成功も個人の問題、個人の責任」と見なされ、冷たい視線やバッシングにさら
されることになります。だから私たちはこうした社会の在り方も同時に見直さなけ
ればならないのです。その一つの方法が「路上ライブ」のところで提示されています。

　　今、多くの若い人たちが、首相官邸前や国会前で抗議行動をしたり、
　デモやパレードをしたりして、いろんな形で路上で声を上げています。
　私は、それをとても嬉しく、とても心強く思っています。(p.161)

　社会で起きていることを自分のこととして、考えること。そして出来ることに取
り組んでいくこと。これこそが「かっこいい」ことではないでしょうか。そしてそ
れは若いとか年寄りだとか、男だとか、女だとか、○○人だからとか、そうしたこ
とを越えて、みんなで力を合わせていくことに他なりません。
　「痴漢も薬物もNO！」であることは当然なのですが、その理由や背景も含めて考
えていきたいものですね。そういう意味でも、この章は何度も読み返してほしいと
思います。

①　若気の至りとは、年齢が若いために、血気にはやって無分別な行動をしてしまうことのたとえ。若
　い人は経験も浅く、人間としても未熟なので、無分別な行いをしてしまうことから、年配の人が若
　者の失敗をかばうときや、自分自身の過ちを若さのせいにするときに使われる。(故事ことわざ辞典)

第 5 章

労働

1：バイトの給料の入る口座から
親がお金を抜いていく

　高校生です。知り合いの店でバイトしてます。家にお金の余裕がないんで、自分のかせぎの一部を家に入れることは、しょうがないと思ってます。でも、親が自分の通帳とカードを管理してて、金を一方的に抜いていかれるのが納得いかないです。どうすればいいですか。

給料は銀行口座に振り込むのではなく、店から手渡ししてもらうことができます。
店の人に話して、そのようにしてもらってください。
そのうえで、給料からいくらを家に入れるか、親とよく話し合ってください。

　今は、給料を銀行口座で受け取ることが、当たり前のようになっています。
　でも実は法律上、給料は働いている人本人が現金手渡しで受け取るのが基本なのです【1】。
　これは、働いているのが子どもであっても同じです。
　働いている側が「銀行口座に送金するのでもかまいません」とOKしなければ、雇う側が給料を銀行振込にすることはできません。
　あなた名義の口座でも、法律的に見れば、あなたが会社から直接給料を受け取っているのではなく、銀行が代わりに受け取っているということだからです。

　むかしから、日本をふくめ世界中の多くの国々で、「働いても給料が本人の手元にわたらない」ということがありました【2】。
　働いて得たお金は、働いたその人が受け取って、自分自身で自由に使うのが当たり前のはずです。

でも、弱い立場に置かれた人たちは、自分の給料を他の人に丸取りされたり、なんだかんだと理由を付けてお金を差し引かれてしまったりすることが多かったのです。

　人は、誰かのロボットではないし、誰かの奴隷でもありません。
　働いた分のお金を本人がきちんと受け取るということは、生きるうえでとても大切なことです。
　だから、給料を本人が受け取れないというようなおかしなことが起きないよう、「給料は必ず本人に手渡さないといけない」と法律で決まっています。

　特に、子どもは親よりも弱い立場にあります。
　だから、子どもの財産を管理する責任と権限をもっている親であっても、「給料を本人の代わりに受け取ることはできない」と、法律にはっきりと書いてあるのです【3】。

親が直接子どもの職場におしかけて、給料を代わりに受け取ろうとする場合がありますが、明らかにダメなことです。

　銀行振込だったあなたの場合でも、あなたがお店に、「いままでは銀行に送金してもらっていましたが、それをやめます。これからは直接自分に払ってください」と伝えればいいのです。

　これをお店が断ることはできません。

　お店によっては、「銀行振込しか対応していない」と言うかもしれませんが、法律的に通用しない言い分なのです。

　また、お店によっては、「今月分はもう送金手続をとってしまって、今からキャンセルできない」と言うかもしれませんが、銀行の送金手続は、前日の銀行の営業時間までであれば十分キャンセルできます。

　あなたの家の事情をお店にきちんと話すほうが、お店の人から理解してもらえて、法律の原則通りに対応してもらいやすいのではないかと思います。

　そして、お店から自分で受け取ったお金の中から、親と話し合って納得のいく金額を親に渡せばいいのです。

　もし、「銀行振込をやめてください」とお店に言ったのに、お店が銀行振込をして親に取られてしまい、親があなたにお金を返してくれなかったら。

　そのときは、お店に、「もう一度きちんと自分に給料を払い直して」と言うことができます。

　お店がきちんと対応してくれなければ、労働基準監督署という国の役所に事情を話して、その役所からお店に指導をしてもらうこともできます。

　高校生のときからアルバイトをして給料の一部を家に入れているのは、すごいことだと思います。

　ただ、もしも家がお金のことでこまっているのであれば、生活保護の制度をは

じめとした、区役所・市役所などのいろんなサービスが使えるかもしれません。

また、親に借金があるのなら、弁護士がそれを整理して、暮らしを立て直していくこともできます。

「役所や弁護士に相談に行ってほしい」と、あなたが親にもちかけてみることも、場合によっては必要かもしれません。

また、あなたが将来、一人暮らしをしようと思っても、今の状況では独立するための資金も貯めづらいと思います。

そのような子どもたちのために、自立援助ホームという施設もあります【4】。

高校を卒業したあと家を出ることを考えているようであれば、検討してみてください。

【1】　労働基準法24条1項「賃金は、通貨で、直接労働者に、その全額を支払わなければならない」
【2】　「賃金は、直接労働者に支払わなければならない。この原則は、親方や職業仲介人が賃金を代理受領して中間搾取（ピンハネ）を行うことや、年少者の賃金を親が奪い去ること、などの旧弊を排除するのが目的である」菅野和夫『労働法第11版』（弘文堂、2016）433頁
【3】　労働基準法59条「未成年者は、独立して賃金を請求することができる。親権者又は後見人は、未成年者の賃金を代って受け取ってはならない」
【4】　自立援助ホームでは、仕事の探し方、仕事のやり方、生活のしかたを、自立するまでの間学ぶことができます。月3万円程度を施設に払い、残りは貯金とお小遣いにまわして、1年ほどでアパートを借りられるほどのお金がたまったら自立する、という施設です。

2：アルバイトしたら
　　　生活保護の不正受給と言われた

　高校生です。部活でお金がいるんでバイトを始めたんですけど、最近、市役所の人が、「生活保護の不正受給にあたる。バイト代を市に返すように」って言ってきました。親が生活保護を受けてるのは知ってるけど、「バイト代を返せ」って、意味がわかりません。いったいどういうことですか。かせいだぶんのお金は、自分で使えないんですか。

　自分ががんばって働いてかせいだお金なのに、「返せ」と言われて、不思議に思いましたよね。

　生活保護は、人間らしい生活を必ず送ることができるように、国がサポートするしくみです。

　病気で働けなくなってしまった。
　がんばって働いても、家族全員を養うには、給料が足りない。
　暴力をふるうお父さんから逃げてきた。
　そんないろんな事情で、生活をするためのお金がなければ、人間らしい生活を送ることが、難しくなります。
　そのようなときでも、人としてきちんとした生活が送れるように、国がお金を出す。
　そして、いつか自分自身の力で生活が送れるようになるために、国が応援する。
　それが、生活保護のしくみです【1】。

　生活保護は国のしくみですが、市役所や区役所が窓口になります。

「人としてきちんとした生活を送るために、最低でも、どのくらいのお金が必要か」。

それは、住んでいる場所や、家族の人数などで、決まっています。

生活保護は、「足りないお金のぶんをカバーする」というしくみです【2】。

働いてもかせげるお金が少ないという人には、その足りない分を生活保護のお金でカバーするのです。

働いて給料をもらったら、役所の担当者に連絡をします。

先に生活保護のお金を受け取っていたら、給料のぶんをあとで返します（給料ぶんの額を生活保護のお金から先に引いておくやり方もあります）。

でも、もし、給料ぜんぶを役所に返すのだとすると、いくらがんばって働いても、手元に残るお金は、同じになってしまいます。

そうすると、がんばって働こうという気持ちが起きづらいですよね。

なので、給料ぜんぶを役所に返すのではなく、少し手元に「おまけ」のお金が残るようになっています【3】。

かせいだお金が多ければ、手元に残るお金も多くなります。

そのようなしくみによって、「いつか自分自身の力で生活が送れるようになりたい」という気持ちを後押ししているのです。

注意してほしいのは、生活保護のお金は、一人一人の個人に払われるのではなく、世帯に払われるということです。

世帯というのは、「家計を一緒にしている家族」のことです。

あなたの場合、あなたと親のぶんの生活保護のお金があなたの親に払われています。

さっき書いた、「かせいだ分は役所に連絡して、足りない分をカバーしてもらう」ということは、

世帯の代表としてお金を受け取っている人（あなたの親）だけにあてはまるの

ではなく、世帯のメンバー全員にあてはまることです。

　だから、子どものあなたが働いてかせいだ分も、役所に連絡しなければいけません。

　ただ、きちんと役所に連絡をすれば、ふつうの「おまけ」だけでなく、「未成年なのにがんばった」というぶんの「おまけ」もありますし【4】、修学旅行やクラブ活動に必要なお金は手元に残していいとされていますから【5】、アルバイト代はそのほとんどが手元に残ることが多いです。

　ところが、きちんと役所に連絡をしていなかったという理由で、「不正受給だからアルバイト代全額を返せ」と役所が強く言ってくることが、数年前から起きています。

　でも、「役所に連絡をする必要がある」ということを役所からも親からもきちんと説明されていなかったのに、あとになって「不正だ」と、まるでわざと悪いことをしたかのように言われるのは、とても腹立たしいことですよね。

**　「説明を受けていなかったし、もしきちんと連絡をしていれば役所に返すお金はほとんどなかったはずだ」。**

そのように役所に話してみてください。

　また、役所が「返せ」といってくるのを取り消させるための、手続や裁判をすることもできます。

　ぜひ、弁護士に相談してください。

　相談先は、巻末の一覧を見て下さい。

　今では、このようなトラブルが起きないように、役所が子どもに、アルバイトをしたら連絡するようきちんと説明することになっています【6】。

　あなたが働いてかせいだお金が自分の自由にならないのは、つらいことだと思います。

　もし、高校を卒業したあと、家を出て独り立ちすることを考えているようなら、自立援助ホームという施設もありますから、検討してみてください。

【1】　憲法 25 条 1 項「すべて国民は、健康で文化的な最低限度の生活を営む権利を有する。」
【2】　生活保護法 8 条 1 項「保護は、厚生労働大臣の定める基準により測定した要保護者の需要を基とし、そのうち、その者の金銭又は物品で満たすことのできない不足分を補う程度において行うものとする。」
【3】　勤労控除といいます。働く人 1 人について最低 1 万 5000 円は収入としてカウントしません（おまけとして手元に残していい）。そして給料の額に応じて、そのカウントしない金額も多くなります。昭和 36 年 4 月 1 日付厚生事務次官通知「生活保護法による保護の実施要領について」
【4】　未成年者控除といいます。1 万 1400 円を、収入としてカウントしない（おまけとして手元に残していい）ということになっています。昭和 36 年 4 月 1 日付厚生事務次官通知「生活保護法による保護の実施要領について」
【5】　昭和 38 年 4 月 1 日付厚生省社会局保護課長通知「生活保護法による保護の実施要領の取扱いについて」第 8「問 58　高等学校等で就学しながら保護を受けることができるものとされた者がアルバイト等の収入を得ている場合、私立高校における授業料の不足分、修学旅行費、クラブ活動費にあてられる費用については、就学のために必要な費用として、必要最小限度の額を収入として認定しないこととしてよいか。　答　お見込みの通り取り扱って差しつかえない。」
【6】　平成 24 年 7 月 23 日付厚生労働省社会・援護局保護課長通知「生活保護費の費用返還及び費用徴収決定の取扱いについて」

３：18 歳になった高校生の深夜バイト

　高校 3 年生です。先月、18 歳になりました。コンビニでバイトしているんですが、店長から、「夜 10 時以降もシフトに入ってほしい」と言われてます。「高校生は深夜にバイトできないんじゃないんですか？」って聞いたら、「18 歳になれば大丈夫」って店長が言ってます。この前、他の人がやめて人手不足になってて、店もこまってるし、僕も深夜に働けば時給が高くてバイト代をかせげるから、深夜のシフトに入りたいと思っています。だけど、親は「高校生だからダメだ」と許可してくれません。やっぱり深夜バイトはできないんですか？

　法律上は、18 歳になっていれば、深夜に働いてもよいことになっています。
　しかし、親があなたのことを考えて深夜に働くことに反対しているのなら、親とよく話し合うことが大切です。

　むかしは小さな子どもであっても、大人と同じように働かなければなりませんでした。今でも、世界の中には、そういう地域が残っています。

　「小さな子どものうちは、仕事をさせないで、教育を受けられるようにしよう」。
日本をふくむ、世界の国々が、そう約束しています【1】。
　だから、義務教育を終えなければ、働くことはできません。

　日本の法律は、以前、「15 歳になっていない子どもを働かせてはいけない」としていましたが、これでは、「15 歳になれば、中学校を卒業していなくても働かせてよい」とも、読めてしまいますね。
　なので、1998（平成 10）年に法律が直されました。
　「15 歳になったあとに最初にくる 3 月 31 日」、つまり、中学校 3 年生の年度末までは働かせてはいけない、となりました【2】。

でも「義務教育を終えたら働いていい」とはいっても、18歳になるまでは、大人とはちがったルールがあります。

まだ体も心も成長を続けている時期なので、法律は働く子どもたちを、いろいろなルールで守っています。

「18歳になるまでは、深夜に働かせてはいけない」というのもそのひとつです【3】。

18歳になっていない子どもを、深夜（夜10時から朝5時までの間）に働かせると、雇っている側が処罰されてしまいます（子どもを守るためのルールですから、深夜に働いた子どもが処罰されるのではありません）。

ただ、このルールは、さっきの中学卒業のときと同じような、「18歳になったあとに最初にくる3月31日」までは深夜に働かせてはいけない、という書き方をしていません。

だから、高校を卒業していなくても、18歳になっていれば、深夜に働くことはできます。

言いかえれば、「18歳になったあなたが深夜に働いても、店長は処罰されない」ということです。

これまでは、18歳になったとしても、あなたの親が、「そういう職場で働くのはダメだ」と反対したら、あなたが深夜に働くことはできませんでした。

働き始めるときに、お店との間で、「働きます」「給料をもらいます」という約束をしますね。

こういった法律的な約束のことを契約（けいやく）と言います。

何ヶ月間働くか、1週間に何日働くか、何時から何時まで働くか、給料はいくらか、どんな内容の仕事をするか。

そういったことを、契約を結ぶときに決めます。

この契約をお店と結ぶのは、あなたの親ではなく、あなた自身です。

でも、未成年の場合は、契約のなかみについて、親がOKしなければなりません【4】。

親がOKすることを「同意」と言います。

以前は大人になる年齢が20歳でしたから、18歳・19歳の人が夜10時以降も働くことにするなら、契約の内容が変わるのですから、
あらためて、親からOK（＝同意）をもらわなければいけませんでした。

親がOKしないまま、あなたが契約のなかみを変えたら、親は、その新しい取り決めをナシにする（＝取り消す）ことができます。
それだけでなく、「そんな職場で働くことは、あなたにとってよくない」と親が考えたら、あなたがその店で働くことそのものをやめさせることもできました。

しかし2022（令和4）年4月に成人年齢が18歳に下がったので、これまで必要だった親のOKが、今後はなくても夜10時以降働くことが法律的にはできるようになりました。

ただ、それでも私は、深夜に仕事をするのを反対する親の話を、あなたにしっかりと受け止めてほしいと思います。
あなたの親が、「高校生だから深夜に仕事をするのはダメだ」と考える理由を、よく聞いてみましょう。

「卒業するまでは、勉強のほうにきちんと力をそそいでほしい。深夜に働いて昼の勉強がおろそかになるのは本末転倒だ」とか、
「深夜だと、事件・事故に巻き込まれてしまう危険があって不安だ」など、
きっと、あなたのことを心配してくれているはずです。

だから、あなたも、そういう親の気持ちを受け止めて、
「定期試験が終わって卒業が確実になるまで待つ」とか、
「仕事が終わったらすぐに親に連絡をして、寄り道せずにまっすぐ帰る」など、
そういった前向きな提案をすることも必要だと思います。

私からは、勉強・卒業のことや事件・事故の心配の他に、もう一つ大事な話をしようと思います。

　夜という時間の大切さです。

　夜という時間は、子どもにとって、体が成長するための大事な時間です。

　子どもが18歳になるまで深夜に働かせてはいけないのは、そのためです。

　18歳になったあとだって、体の中では、まだまだ成長を続けています。

　お金は、将来大人になってからでも、かせいでいくことができます。

　でも、体が成長するのは、今の時期しかありません。

　お金に代えることのできない、その大事な時期にある自分を、ぜひ大切にしてほしいと思います。

　そして、それだけでなく、これから先の大人になってからの自分の働き方についても、今、じっくりと考えてみてほしいと思います。

　たしかに18歳以上になれば深夜に働いてもよくなりますし、深夜に働けば給料も高いので、よりかせぐことができます。

　深夜の仕事の給料が必ず高いのは、「昼間とくらべて高くしないといけない」と、法律がきびしく決めているからです【5】。

　夜という時間は、ほんらい、家でゆっくりくつろいで一日の疲れをとり、明日のためのエネルギーを貯める、大事な時間です。

　だから法律は、なるべく深夜に人を働かせないようにするため、雇う側が高い給料を払うことをきびしく定めているのです。

　日本は、世界の他の国とくらべて、働く時間がとても長い国です。

　働きすぎで突然命を失う「過労死」が、たくさん起きています。

　そのまま「karoshi」という言葉で、世界に通じてしまうほどです。

毎日遅くまで仕事に追われて、体も心も、とても疲れ切ってしまう。

　ゆっくり寝る時間もなくて、その疲れがとれないまま、また仕事に出かける。

　仕事に追われる生活で、家族や友だちと楽しく過ごしたり、趣味にあてたりする時間もない。

　そして、ある日突然亡くなり、人生そのものが終わってしまう。

　残された家族も、大事な人を突然なくした悲しみと、生活するためのお金がなくなる苦しさに、こまりはててしまう。

　私たちは、生きるために仕事をしてお金を得ているのに、

　仕事のせいで、生きることそのものが奪われてしまうことは、絶対にあってはならないことです【6】。

　過労死の事件に弁護士として多く取り組んでいる中で、その1件1件のケースを通して、「夜に仕事をすることが、体にどれほど負担になるか」をいつも実感します。

　夜に働くということがどういうことなのか、

　どうして18歳になるまで深夜に仕事をしてはいけないことになっていて、

　どうして深夜の仕事の給料が高くなっているのか、

　そのことを、今回のことをきっかけに、ぜひ、親と一緒に考え、話し合ってみてください。

【1】　ＩＬＯ（国際労働機関）就業が認められるための最低年齢に関する条約（第138号）2条1項、3項

【2】　労働基準法56条1項　「使用者は、児童が満15才に達した日以後の最初の3月31日が終了するまで、これを使用してはならない」

【3】　労働基準法61条1項　「使用者は、満18才に満たない者を午後10時から午前5時までの間において使用してはならない」

【4】　労働基準法58条1項　「親権者又は後見人は、未成年者に代つて労働契約を締結してはならない」
　　　民法5条1項　「未成年者が法律行為をするには、その法定代理人の同意を得なければならない」
　　　「未成年者が労働契約を締結するには法定代理人の同意を要する」（菅野和夫『労働法第11版』弘文堂、2016）577頁

【5】　労働基準法37条4項

【6】　一件でも不幸な過労死事件をなくそうと、過労死遺族の人たちが国会に対して一生懸命はたらきかけました。その結果、2014（平成26）年6月20日に「過労死等防止対策基本法」という法律ができ、11月1日から施行されています。

4：バイト先でミスすると 給料から引かれてしまう

高校生です。飲食店でバイトしてます。注文をまちがえて作っちゃった商品がムダになったり、うっかり皿やグラスを割ったりすると、そのぶんが給料から引かれちゃうんですが、そんなにしょっちゅうミスしているわけでもないのに、これっておかしくないですか？

はい。おかしいです。

法律の基本的なルールは、次のようになっています。

「わざと、または、うっかり、してはいけないことや約束違反をして、相手に迷惑をかけてしまったら、相手が損をしたぶんのお金を、払わないといけない」。そのお金のことを、「損害賠償」と言います。

でも、雇われている人が、仕事でミスをして職場に迷惑をかけてしまったとき、何でもかんでも職場に損害賠償を払わないといけない、というわけではありません。

職場には、他の人間関係とは、ちょっとちがうところがあります。
「人を雇って働かせることで、職場にはお金をもうけられるというプラスがある」ということです。

そういう関係なのですから、雇っている人がふつうに働いている中でミスをしてしまったのなら、そのぶん起きたマイナスの損も、職場がかぶるべきなのです。
人を雇って働かせることで、職場がプラスを得ているのに、マイナスのほうは働いている人に負わせる、というのはおかしなことです。

いつもは正確に動く機械やロボットだって、故障したり動かなくなったりします。

ましてや、人間は、機械やロボットではありませんから、どんなに気をつけていても、小さなミスをしてしまうことは、誰だってあります。

職場が、できるだけ損をしたくないのなら、働いている人ができるだけミスを起こさないように、みんなの仕事のしくみを工夫しなくてはいけません。

職場がそういう努力をしないで、何でもかんでも働いている人のほうに責任を負わせてはいけないのです。

注文をまちがえてしまったり、皿やグラスを割ってしまったり、おつりをまちがえて客に渡してしまったりということは、どんなに気をつけていても、起きてしまうことのあるミスです。

そういうミスなら、そのぶんは職場があなたにお金を払えと求めることはできませんし、あなたも職場にお金を払わなくてよいのです【1】。

もちろん、物やお金を盗んだりする（窃盗罪という犯罪です）など、従業員がわざと職場に損をさせたのなら、損害賠償を払わなければいけません。

また、わざとではなくても、従業員のうっかりの度合いがあまりにもひどければ、やはり損害賠償を払わなければいけないことがありえます。

でも、そんなふうに職場に損害賠償を払う必要がある場合でも、**職場が従業員の給料から一方的に差し引くことは、許されません【2】。**

一方的に給料から差し引いたら、そのようなことをした職場が、犯罪として処罰されます。

職場がいったん給料の全額を払ってから、従業員が職場に損害賠償を払うか、あらかじめ従業員がＯＫしたうえで、給料から差し引くことにするか、

そのどちらかでなければいけないのです。

あなたの場合、ふつうのミスなのですから、損害賠償を職場に払わなくてもよいのに、さらに、一方的に給料からお金が差し引かれてしまっているので、職場がしていることは、二重におかしいのです。

勝手に差し引かれてしまっている分のお金は、払ってもらうように、職場に求めることができます。

弁護士をつけて話し合いをしたり、裁判をしたりして払わせることもできますが、労働基準監督署という国の役所や、各都道府県の労働相談窓口に解決を求めるのが、費用もかからずスムーズなことも多いです【3】。

一人ひとりが安心して働くことができるよう、法律がいろんなルールで働く人を守っているということを、ぜひ知っておいてほしいと思います。

【1】 大阪地方裁判所平成 10 年 1 月 23 日判決（労働判例 731 号 14 頁）、大阪地方裁判所平成 11 年 9 月 8 日判決（労働判例 775 号 43 頁）、名古屋地方裁判所昭和 62 年 7 月 27 日判決（労働判例 505 号 66 頁）等
【2】 労働基準法 24 条 1 項 「賃金は、通貨で、直接労働者に、その全額を支払わなければならない。（略）」
【3】 全国の労働基準監督署は、厚生労働省のウェブサイトで確認できます。
https://www.mhlw.go.jp/stf/seisakunitsuite/bunya/koyou_roudou/roudoukijun/location.html
労働相談窓口は、都道府県の役所（都庁・県庁など）に問い合わせると教えてくれます（東京は「労働相談情報センター」という名称です）。

5 : 「クビだ、明日から来るな」と バイト先から言われた

　昨日、バイト先で機材をＡ君と一緒に運ぶときに、うっかりまちがった持ち方をしたせいで機材が落ちてしまいました。Ａ君は骨折し、しばらく仕事はできないと医師から言われました。その事故のせいで、Ａ君と僕は社員から「職場に迷惑をかけるやつはクビだ、もう明日から来るな」と言われました。僕たちはやめないといけないんですか。

　あなたたちが仕事を続けたいのであれば、やめる必要はありません。
　もしそれでも職場が「来るな」というのであれば、働けばもらえたはずの給料を求めることができます。
　また、そのような職場をやめるとしても、解雇予告手当というお金をもらえる場合があります。

　働き始めるときに、「これから何ヶ月間働く」という期間を職場とのあいだで決めていたかどうか、それをまず確認しましょう。
　アルバイトは期間が決まっていることが多いですが、期間を特に決めていない場合もあります。

　働き始めるときに期間を決めていたなら、基本的には、その期間の終わりが、職場をやめるときです。

　それ以外のやめかた、つまり、
　「期間を決めていたけれど、その前に職場をやめる」とか、
　「期間を決めていなくて、職場をやめる」というのは、

大きくわけて、つぎの３つのパターンがあります。

　１つめは、あなたと職場が話し合って、お互いに納得して終わりにするパターンです。
　２つめは、職場はあなたに働いてほしいと思っているけれど、あなたが一方的にやめるパターンです。
　３つめは、あなたは働きたいと思っているけれど、職場が一方的にやめさせる（クビにする）パターンです。

　社会の中でいちばん多いやめかたは、１つめのパターンです。
「合意解約」、または、「合意退職」と言います。
　あなたのほうから「やめたい」と職場に申し込むのでも、
　職場のほうから「やめてほしい」とあなたに申し込むのでも、
　きちんと相談し、相手がＯＫしてまとまるのが、いちばん円満なふつうのやめかたです。

　でも、働く側は、雇う側よりも、弱い立場にあります。
　あなたがやめたいと思っているのに、職場がＯＫしないのでずっと働き続けないといけない、というのでは、つらい生活が続くことになってしまいます。

　なので、法律は、職場がＯＫしなくても、あなたのほうから一方的にやめることができるときのルールをもうけています。
　それが、２つめのパターンです。

　働く期間が決まっていたなら、その期間が終わるまではやめられないのが基本ですが、どうしてもしかたがない理由があるときにかぎっては、期間が終わる前でも、すぐに一方的にやめることができます【1】。
　特に最近、最初の約束とちがってたくさんのシフトを次々入れられてしまったり、時給がきちんと払われないという「ブラックバイト」が多く、問題になっています。

そんな職場ほど、「やめたい」と言っても、期間が決まっていることを理由に
やめさせてくれないことが多いです。
　でも、そんなふうに約束違反・ルール違反をしている職場は、期間前でもやめ
ることができます。
　期間が決まっていなかったなら、特に理由がなくても、やめますと伝えれば、
その2週間後に、一方的にやめることができます【2】。

　トラブルが一番多いのは、あなたは働きたいと思っているのに、職場が一方的
にやめさせる（クビにする）、3つめのパターンです。
　法律の言葉で、「解雇」と言います。

　解雇は、そんなに簡単にできません。

　もし、職場が働いている人を自由にクビにできる社会だったとしたら、どうな
るでしょう。
　働いている側は、いつクビになるのか、安心して毎日を過ごすこともできませ
んし、実際にクビになって給料がもらえなくなると、生活がとても大変です。
　新しい仕事を探すことも、そんなに簡単なことではありません。
　だから、法律は、働く人たちを守るために、解雇の条件を厳しくしています。

　A君は、仕事でケガをしてしまったのですね。
　こういう、仕事でケガや病気になったときのことを、「労働災害」、略して「労
災」と言います。

　そして、「労災のケガを治すために休んでいるあいだと、治ったあと30日は、
クビにしてはいけない」と、法律は厳しく決めています【3】。
　もし、治療している人をクビにしたら、職場が犯罪として罰せられます。
　なので、A君は職場をやめる必要はありません。

また、あなたも職場をやめる必要はありません。

　「解雇をしていいのは、きちんとした理由があって、クビにするのが社会の考え方からしてもしかたがないと言えるときだけ」。
　法律は、そう厳しく決めています【4】。
　特に、働く期間が決まっている場合には、「よっぽどの理由がなければ、期間が終わる前にはクビにできない」と、よりいっそう厳しく決められています【5】。

　解雇をしていいかどうかは、いろんな事情をもとに判断されます。
　あなたの場合、うっかりまちがった機材の持ち方をして、事故を起こして職場に迷惑をかけたとしても、それだけで解雇が認められるとはいえないでしょう。
　そもそも、働いている人がミスや事故を起こすのを完全に防ぐのは、難しいことです。
　むしろ、職場があなたたちに、ふだんから正しい機材の持ち方をきちんと教えていなければいけませんし、まちがった持ち方をしている時に社員が注意して事故を防がなければいけません。
　それなのに、あなたたちが事故を起こしたからクビになるというのでは、おかしなことです。

　解雇が法律的にまちがっていれば、そのまま働き続けることができます。
　「明日から来るな」と言われて実際に働くことができなくても、働いていればもらえたはずの給料を、もらうことができます。

　もし、解雇が法律的にまちがっていないとか、解雇にあなたたちが特に反対しないでやめる場合でも、「その日に簡単にクビにする」ということは、できません。
　職場はあなたたちに、遅くとも30日前までには解雇するということを言っておかなければいけません。

もし、その日にクビになったり、実際にクビになる日まで30日を切っていたら、職場はあなたたちに「解雇予告手当」というお金を払わなければいけません【6】。

　（ただし、例外があります。①日雇いでまだ1ヶ月経ってない、②期限が2ヶ月以内＜季節的な仕事は4ヶ月以内＞でまだそれ以上引き続いて働いていない、③試用期間中でまだ14日経っていない、④クビになる原因が働く側のほうにあって労働基準監督署もそう認めた、という場合には、30日前に言われることもなく、解雇予告手当も払われません）。

　今、自分が職場から言われていることが、合意解約の申込み（1つめのパターン）なのか、解雇（3つめのパターン）なのか、それを、きちんと確認しましょう。

　職場が「やめてほしい」と言ってきているのを、「クビだと言われた」と、まちがって受け止めてしまうことが、けっこう多くあります。

　職場から「やめてほしい」と言われているのなら、合意解約を申し込まれているだけなので（1つめのパターン）、あなたがOKしなければよいのです（解雇ではないので、解雇予告手当の話にもなりません）。

　解雇（3つめのパターン）なら、その理由を書いた証明書を、職場からもらうことができます。

　その証明書を職場が出さないようなら、メールや録音などで、職場とのやりとりを確認できるようにしてください。

　そしてすぐに、弁護士や労働基準監督署に相談してください。

　職場は、迷惑な人をすぐにでもやめさせたいと考えることが多いです。

　でも、人間は、物や人形やロボットではありません。

　「いらなくなったら、すぐに捨てたり、他と交換したりする」、働く人をそうやって扱うのは、してはならないことです。

　ときにはミスもしながら仕事を覚えて成長していくのが人間です。

　ましてや10代のみなさんは、大人と比べても、ミスもするぶん、大きく成長

していくこともできる存在です。

　そういうことを理解しないで法律のルールを守ることもできない職場は、はじめから人を雇うべきではないと、私は思います。

【1】　民法628条前段　「当事者が雇用の期間を定めた場合であっても、やむを得ない事由があるときは、各当事者は、直ちに契約の解除をすることができる」

【2】　民法627条1項　「当事者が雇用の期間を定めなかったときは、各当事者は、いつでも解約の申入れをすることができる。この場合において、雇用は、解約の申入れの日から2週間を経過することによって終了する」

【3】　労働基準法19条1項　「使用者は、労働者が業務上負傷し、又は疾病にかかり療養のために休業する期間及びその後30日間…は、解雇してはならない」

【4】　労働契約法16条　「解雇は、客観的に合理的な理由を欠き、社会通念上相当であると認められない場合は、その権利を濫用したものとして、無効とする」

【5】　労働契約法17条1項　「使用者は、期間の定めのある労働契約…について、やむを得ない事由がある場合でなければ、その契約期間が満了するまでの間において、労働者を解雇することができない」

【6】　労働基準法20条1項　「使用者は、労働者を解雇しようとする場合においては、少くとも30日前にその予告をしなければならない。30日前に予告をしない使用者は、30日分以上の平均賃金を支払わなければならない（以下略）」

6：正社員ってどういう働き方？

　これから就職活動して、卒業後に働き始めるつもりなんですが、「正社員」ってどういうものか、他の働き方とどうちがうのか、いまいちよくわかりません。

　実は、「正社員」という言葉は、法律にはありません。

　私が今から説明するのは、「多くの人がだいたいそう考えている」というものです。

　「正社員は必ずこういうもの」というわけではないので、気をつけてください。

　正社員は、「会社に直接雇われて、定年までずっと、フルタイムで働く人」のことです。

　正社員は、フルタイムで働きます。

　フルタイムというのは、「1日中しっかり、毎日しっかり」、ということです。

　労働基準法は、働く時間は1日8時間／1週間40時間を超えないのが基本と決めています【1】。

　正社員は、その1日8時間／1週間40時間か、それよりやや少ない時間で、めいっぱい働きます。

　正社員とちがい、アルバイトやパートは、1日数時間／1週間に数日という働き方が多いです。

　そういうちがいから、給料の払われ方も、正社員は「1ヶ月にいくら」という月給、アルバイトやパートは「1時間あたりいくら」という時間給が多いです。

正社員は、定年までずっと働きます。

　正社員は、就職してから定年までのあいだ、よっぽどのことがないかぎり、ク
ビになることはありません。
　定年の年齢は、会社ごとにちがいますが、
60歳や65歳を定年にしている会社が多いです。

　アルバイトやパートは、働く期間が何ヶ月と決まっていることが多いです。

　「フルタイムで働くけれど、期間が何ヶ月／何年と決まっている」という働き
方もあります。
　それを、正社員と区別して「契約社員」と言ったりします。

　アルバイトやパート、契約社員は、あらかじめ決めていた期間だけ働くのが基
本ですが、期間が終わるとき、働く人も会社もお互いがOKすれば、更新して、
引き続き働くことができます。
　でも、いつ更新されなくなるかわかりませんし、そんなに長い期間は働けない
ことがほとんどです。

　正社員は、会社に直接雇われ、給料も会社から直接もらいます。

　正社員とちがい、「ハケン（派遣）社員」は会社に直接雇われていません。
　ハケン業者に雇われます。
　そして、会社に行かされて（ハケンされて）仕事をします。
　会社は、ハケン業者にお金を払います。
　そして、ハケン業者が働く人に給料を払います。

　会社が払ったお金を、働いた人が全部受け取れません。ハケン業者の取り分が

抜かれます。

　働く人の安全を守る責任を、ハケン業者と会社がそれぞれどう負うのかも、あいまいになりがちです。

　だから、ハケンは、30年前まで禁止されていました。

　その後も、特殊な仕事にかぎって認められていました。

　ところが最近は、このハケンのしくみが、いろんな職場に広がってしまっています。

　正社員は、

　生活するのにじゅうぶんな給料をもらい、

　長く働く中で、仕事の能力を高めていくこともできます。

　よっぽどのことがなければ、クビになることはありませんし、

　ケガ、病気、老後、自分の家族などに対するサポートも充実しています。

　しかし、雇う側からすると、

　会社の調子が良いときには、人をたくさん雇いたいけれど、

　会社の調子が悪くなったからといって、正社員をやめさせることは、簡単にはできません。

　だから、

　アルバイトやパートのように短い時間・安い給料で働く人や、

　契約社員のように期限が決まっている人、

　ハケン社員のように会社が自分で直接雇うのではない人、

　そういう人たちを使うことで、会社の都合に合わせて、人件費を調整しようと考えるのです。

　でも、人は、モノや、人形や、ロボットではありません。

　「いらなくなったら、すぐに捨てたり、他と交換したりする」、

　働く人をそうやって扱うのは、してはならないことです。

「正社員以外のいろんな働き方を選べるのは、働く側にとっても良いことだ」、などと言う人もいます。

　実際、正社員以外の働き方がいい、という人も、もちろんいるでしょう。

　でも、「ほんとうは正社員として働きたいのに、働く先がないので、しかたなくそれ以外の働き方をしている」、

　そういう人が今、214万人もいるのです【2】。

　生活するのにじゅうぶんな給料をもらえない。

　仕事の能力を高めていくことも難しい。

　いつ更新されなくなって仕事を失うか、とても不安。

　そういう働き方をしなければならない人が、とても増えています。

　法律は、いろんな会社がいろんな商売をするためのベースとなる決まりを、たくさん作っています。

　そういう法律がたくさんあるのは、

　いろんな会社が活動し、社会全体が発展していくことが、

　私たち一人ひとりの幸せな暮らしにつながるからです。

　それなのに、会社の中で働いている人が大切にされないのでは、まったくおかしなことです。

　正社員ではない働き方をする人を守るための、特別な法律は、あるにはあるのですが、あまり役立っているとはいえません【3〜5】。

　ただ、正社員であれば問題ないかというと、そうともかぎりません。

　ノルマが厳しい、残業時間が長い、残業代が払われない、嫌がらせがひどい、など、正社員を大切に扱わないひどい会社があるのも、また事実です。

　そのようなひどい会社なら、ある程度で見切りをつけてやめることも大事です

し、

　労働組合に入ってみんなで職場と交渉をしたり、裁判でたたかったりして、よりよい職場に変えていくことも、会社をやめるのと同じくらい、あるいはそれ以上に、大事なことです。

　あなたはこれから、就職活動を通していろんな職場に出会うことと思います。

　働くルールについて、少しでも分からないことがあったら、ぜひ、今回のように尋ねたり、調べたりするようにしてください。

　それが、これから長い人生の中で働くあなた自身を守ることにつながりますし、あなたがいつか誰かを雇う立場になったときにも、絶対に必要となることです。

【1】　労働基準法32条1項　「使用者は、労働者に、休憩時間を除き1週間について40時間を超えて、労働させてはならない」
　　　同条2項　「使用者は、1週間の各日については、労働者に、休憩時間を除き1日について8時間を超えて、労働させてはならない」
【2】　総務省「労働力調査（詳細集計）」（2021年平均）　表Ⅰ-1現職の雇用形態についた主な理由別非正規の職員・従業員の内訳（2021年）
【3】　アルバイトやパートでも、「通常労働者と同視」される人は、賃金や教育訓練、福利厚生などについて、正社員との間の処遇差別が禁止されます。「通常労働者と同視」されないアルバイトやパートについては、正社員とバランスのとれた処遇をするよう、使用者が努力・配慮しないといけないのですが、強いしばりではないという限界があります。
【4】　契約社員でも、更新がくり返されていたら、突然更新をしないでクビにすることはできなくなりますし（雇止め制限法理）、5年以上更新が続いたら、その後はずっと働き続けられる（正社員のように、期限の定めのない雇用契約になる）ことになります（無期転換申込権）。しかし、この規制にかからないように、会社は、更新を繰り返さないようにしたり、5年以上更新しないようにしたりして、結局、働く人が守られないことが起きています。
【5】　ハケン社員が、3年以上その職場で働き続けていたら、その職場の正社員になれます。しかし、この規制にかからないように、会社は3年以上ハケンを受け入れないようにして、結局、働く人が守られないことが起きています。

解説 ……… 渡辺 雅之

さて、いよいよ最後の章となりました。この章は「働くこと」に関するトピックが中心です。中学生のみなさんには今ひとつピンとこないことかもしれませんが、高校生以上であれば、バイトを含めて働くことはとても大切なテーマです。

ところで、日本の子どもの貧困率はOECD諸国①の中でも最高水準で、相対的貧困率は約14%となっています②。これは社会にとって非常に大きな問題です。子どもの貧困は大人の貧困がそのまま移転したものです。いま、日本の働く人のうち約4割が非正規雇用（派遣・パートタイマー等）となっているのです。

民間事務所での正社員と非正社員の割合

（単位：%）令和元年

	全労働者	正社員	多様な正社員	正社員以外の労働者	出向社員	契約社員（専門職）	嘱託社員（再雇用者）	パートタイム労働者	臨時労働者	派遣労働者（受け入れ）	その他
総　数	100.0	58.7	2.9	41.3	1.0	3.1	3.0	24.7	1.3	3.4	4.8

「令和元年就業形態の多様化に関する総合実態調査の概況」（厚生労働省）より

交通事故にあっても「家には保険証がないから救急車を呼ばないでほしい」という高校生、「旅行積立金が払えないから、修学旅行には行きません」という中学生がいます。過労死で命を失う大人の労働者も後を絶ちません。公営住宅の家賃が払えずに、親子心中をはかろうと自分の娘に手をかけてしまった母親もいます。残念ながら、日本の社会は経済的格差が急速に広がり、その中で苦しむ人が沢山いる状況になっています。

そうした状況を生み出した一つの要因は、新自由主義という考え方とそれに基づく政策です。新自由主義とは簡単に言うと「色々な（法的）規制を緩和または取り払って経済活動を活性化させ、自由競争によって世の中を豊かにする」という考え方です。確かに、自由な経済活動は世の中を活気付ける効果もあると言われていますが、一方で市場（経済）というものは、基本的に弱肉強食（優勝劣敗）なので、みんな勝ち残ろうと必死になります。その結果、経費を削減するために人員の削減（解雇や非正規雇用）も進み、安全対策などもないがしろにされがちになります③。

いずれにしても熾烈な競争によって、露骨な勝ち負けの世界が出現し経済的な格差が広がります。そうして生みだされた格差をそのままにして、大企業や財界の有

利になるような政策がとられています④。こうした政治や社会の在り方は少しずつでも変えていかなければなりません。

　そしてここで、問題になるのは、4章の解説でも書いた自己責任論です。「負けたのは努力が足りないから、能力不足でその人個人に責任がある」という理屈は、働く人たちや、経済的にうまくいかなかった人たちを追い詰めます。本来、使われるべき公的な部門（福祉や教育・医療など）の予算を削る口実にも使われてしまうのです。

　NPOが運営するオンラインメディア「Eduwell Journal」には次のような記事が載っています⑤。

　　　「ハングリー精神」なんて言葉がありますが、それには「自分もがん
　　ばれば、この状況を脱することができる」という自己効力感があればこ
　　その話です。そもそも圧倒的な格差のなかに長期間置かれた子どもは、
　　意欲を喪失し、「金持ちと結婚したい」とか、「生活保護うけて、働かず
　　に生活したい」など他力本願になるか、冒頭の小学生のように「どうせ
　　ニートに」等、自暴自棄になってしまうのです。

　働くということは、その働きによって正当な報酬を得て、生活を成り立たせることです。ときに、苦しいことや辛いことがあるでしょう。しかし、度を越した苦しさや辛さを耐える必要はありません。それは働かせている側の責任なのです。
　山下さんが言うように

　　　人間は、モノや、人形や、ロボットではありません。
　　　「いらなくなったら、すぐに捨てたり、他と交換したりする」、
　　　働く人をそうやって扱うのは、してはならないことです。（p.196）

　だから、この章に提示されているようないくつかの事例に出会った時は、迷うことなく弁護士さんや「首都圏青年ユニオン」などに相談してほしいと思います⑥。奨学金制度もそうですが、日本社会は学びたい若者にとって十分な制度がありません。また、非正規雇用が日常化しているために、ちゃんと働きたい人にとっても、雇用の仕組みがきちんと整えられているとは言えません。

社会の仕組みをいますぐ大きく変えることは出来ないにしても、今自分が（バイトを含め）働いている環境がおかしなものであれば、それを変えていくことは可能です。ただ、それは一人の力では難しいものです。周囲の人に相談したり、力を合わせていく姿勢が必要になるでしょう。そうした力を付けていくことが「子どもから大人になる」ということでもあるのです。そして、そうした取り組みは自分を守るだけでなく、共に働く人たちを守ることにもつながります⑦。

　「職業に貴賎（きせん）なし」という言葉があるとおり、どんな職業でも世の中にあるものには何らかの値打ちがあります。いま、生活のためにバイトをしている人は、本来やりたい仕事ではないかもしれません。しかし、そうした経験を積むことは決して無駄にはなりません。働くことの意味ややりがい、そして将来、自分が就きたい仕事を探すための助走期間としての意味もあります。ただ、バイトに追われ、学校の勉強や自分の生活が犠牲にならないように注意したいですね⑧。

　また働くということは単に生活のための金銭を得るということだけではありません。社会に貢献する行為でもあります。15歳という若さでナチスによる迫害で命を落としたアンネ・フランクは「もしも、神様のおぼしめしで生きることが許されるならば、私はきっと世の中のため、人類のために働いてみせます」という趣旨のことを日記に記しています⑨。
　アドラーという心理学者は、お金を稼ぐことの大切さも認めつつ「労働とは、金銭を稼ぐ手段ではありません。我々は労働によって他者貢献をなし、共同体にコミットし『わたしは誰かの役に立っている』ことを実感して、ひいては自らの存在価値を受け入れているのです」と述べています⑩。その実感とは社会的に大きな影響があることのみではありません。小さくても目立たなくても、「誰かの役に立つ」ことはふだんの生活の中に無数にあるものです。

　みなさんの今の仕事、そして将来の仕事がそうしたものであることを願ってやみません。そう簡単には見つからないかもしれませんが、目を凝らせば、いつかきっとそれに巡り合うことが出来るでしょう。私も山下さんも「大人としていきいきと働くあなた」に巡り合う日を楽しみにしています。そしてそんな世の中にするために、これからも頑張っていきたいと思います。

① OECD（経済協力開発機構）はヨーロッパ諸国を中心に日・米を含め 38 ヶ国の先進国が加盟する国際機関。

② その日の食べ物に困るような状態を絶対的貧困といい、相対的貧困とは平均所得の半分以下で暮らす層を指します。差し迫って飢え死にまではいかなくても、人間らしい文化的な生活が出来ない状態です。

③ 労働の規制緩和は、ワーキングプア、ブラック企業、追い出し部屋やロックアウト解雇、過労死に過労自殺、メンタルヘルス不全などの多くの問題を生んでいます。

④ 福祉や教育の予算は毎年、削られているのに、企業が収める法人税が引き下げられたり、消費増税がなされたりがその典型例です。

⑤ https://eduwell.jp/article/bridging-economy-hope-gap-create-educational-environment-social-investment/

⑥ 首都圏青年ユニオン　https://www.seinen-u.org/

⑦ 長い目で見れば、会社のためにもなることです。

⑧ あまりに生活が苦しい場合は、生活保護申請を含めて市役所などに相談してほしいと思います。（166 〜 169 頁　参照）

⑨ この文章は思春期で揺れるアンネが母親のことを批判した文脈で書かれています。原典の『アンネの日記』は若い世代の方には是非読んでみてほしいと思います。本文は、アンネ・フランク（深町眞理子訳）『アンネの日記』（文藝春秋、1986）から引用しました。

⑩ 岸見一郎・古賀史健『嫌われる勇気』（ダイヤモンド社、2014）

◎弁護士に相談するには

　弁護士に相談したい、弁護士に話を聞いてほしい、弁護士の意見を聞きたい。そんなときは、ぜひ、弁護士会の専用窓口に電話してください。

　私と同じように、子どもの問題に取り組んでいる弁護士と話をすることができます。

　電話ですから、相談の費用はかかりませんし、名前を名乗る必要もありません。

　下の連絡先は、日弁連のウェブサイトで紹介されているもののうち、専用の電話回線をもっているところだけを挙げてあります（2022年6月現在）。

https://www.nichibenren.or.jp/legal_advice/search/other/child.html

　自分の都道府県がなくても、近くの弁護士会に電話してかまいません。

　また、「専用の電話ではないけれども相談はできる」という弁護士会もありますので、自分の都道府県の弁護士会に確認してみてください。

★ 札幌弁護士会「子どもの権利110番」　011-281-5110
　月〜金：9:00 〜 12:00、13:00 〜 17:00（木曜日は18:00まで）

★ 仙台弁護士会「子ども悩みごと電話相談」　022-263-7585
　月〜金：9:30 〜 16:30

★ 福島県弁護士会「子ども相談窓口」　024-533-8080
　月〜金：10:00 〜 17:00

★ 新潟県弁護士会「子どものなやみごと相談」　0120-66-6310
　月・木：16:00 〜 19:00

★栃木県弁護士会「子どもの権利相談」 028-689-9001
　月〜金：10:30 〜 12:00、13:00 〜 16:30

★群馬県弁護士会「子ども人権 110 番」 027-234-9321
　月〜金：10:00 〜 12:00、13:00 〜 17:00

★ 埼玉弁護士会「子ども弁護士ホットライン」 048-837-8668
　火・木：15:00 〜 18:00

★ 東京弁護士会「子どもの人権 110 番」 03-3503-0110
　月〜金：13:30 〜 16:30、17:00 〜 20:00
　土：13:00 〜 16:00
　http://www.toben.or.jp/bengoshi/madoguchi/children.html

★ 第一東京弁護士会「子どものための法律相談」 03-3597-7867
　土：15:00 〜 18:00

★ 第二東京弁護士会「子どもの悩みごと相談」 03-3581-1885
　火・木・金：15:00 〜 19:00

★ 東京三会多摩支部「弁護士子どもの悩みごと相談」 042-548-0120
　水：14:00 〜 19:00

★ 神奈川県弁護士会「子どもお悩みダイヤル」 045-211-7703
　月〜金：9:30 〜 12:00、13:00 〜 16:30

★ 愛知県弁護士会「子どもの人権相談」 052-586-7831
　土：9:20 〜 16:25

★ 三重弁護士会「小ども弁護士ダイヤル」 059-224-7950
　月〜金：9:00 〜 12:00、13:00 〜 15:00

★ 岐阜県弁護士会「子どもの悩みごと相談」 058-265-2850
　月〜金：9:00 〜 17:00

★ 金沢弁護士会「子どものなやみごと相談」 076-221-0831
　木：12:30 〜 16:30

★ 京都弁護士会「子どもの権利 110 番」 075-231-2378
　金：15:00 〜 17:00

★ 大阪弁護士会「子ども何でも相談」 06-6364-6251
　水：15:00 〜 17:00、毎月第 2 木曜日：18:00 〜 20:00

★ 奈良弁護士会「子どもの悩みごと相談」 0742-81-3784
　月〜金：9:30 〜 17:00

★ 滋賀弁護士会「子どもの悩みごと 110 番」 0120-783-998
　水：15:00 〜 17:00

★ 和歌山弁護士会「子ども電話相談」 073-488-3366
　月〜金：10:00 〜 12:00、13:00 〜 16:00（水曜日は 19 時まで）

★ 岡山弁護士会「子どもの味方弁護士相談」 086-223-4401
　月〜金：9:00 〜 17:00

★ 広島弁護士会「子ども電話相談」 090-5262-0874
　月〜金：16:00 〜 19:00

★ 福岡県弁護士会「子どもの人権 110 番」 092-752-1331
　土：12:30 〜 15:30

★ 大分県弁護士会「子どもの権利 110 番」 097-536-2227
　水：16:30 〜 19:30

★ 宮崎県弁護士会「子どもの権利ホットライン」 0985-23-6112
　毎月第1、第3月曜日：16:00 〜 17:30

★ 沖縄弁護士会「子どもの悩み事110番」 098-866-6725
　月：16:00 〜 19:00

　このブログ本を書いている山下に相談したい、という人もいるかもしれません。

　私は、ふだん仕事でメールを使っていません（プライベートでもほとんど使いません）。

　メールのやりとりよりも、実際に会って話をすることを大事にしています。

　もし、「山下に連絡をとりたい」という人がいたら、私の事務所に手紙をください。

　また、東京の四ツ谷の事務所に来て会って話ができるようなら、事務所に電話をください。

　日程を調整しましょう。

（一人で相談に行くのが不安な人は、信頼できる人と一緒に来てもらってもかまいません）。

〒 160-0008
東京都新宿区四谷三栄町3番7号　森山ビル東館3階
永野・山下・平本法律事務所
弁護士　山下　敏雅
電話：03-5919-1194

あとがき

　私が弁護士になりたいと思ったのは、小学生の高学年のときです。

　当時、担任と関係が良くなかった私にとって、地元の図書館が居場所でした。

　毎週その図書館に通う中で、ある10代の人が書いた管理教育に関する本を読んで、子どものために動く弁護士という存在を知り、憲法の条文に触れて人権という概念に心が震え、おかしいものにおかしいと声を上げることの大切さを学びました。

　「大人になっても子どもの味方でいたい」、そう強く思ったのです。

　2013（平成25）年、弁護士となって10年目に始めたブログは、毎日、500〜1000のアクセスがあります。

　子ども達がケータイやスマホからインターネットを通して、私の弁護士としての知識や経験、そしてメッセージを伝えられる、本当に便利な時代になったと思います。

　でも、私のブログも、インターネットの膨大な情報の中に埋もれ、子ども達にきちんと届いていないのではないかとも、感じていました。

　そのことを、私は、学生時代の友人で、ヘイトスピーチに対するカウンター活動で偶然に再会した植田祐介さんに相談しました。

　植田さんは早速、いじめに関する教育などをテーマに本を出していらっしゃる渡辺雅之さんを私に紹介してくれました。

　初対面の渡辺さんは、とても朗らかでパワフルな方で、この本の出版に向けて本当に精力的に取り組んでくださいました。

　高文研の社長の飯塚直さん、温かいイラストを描いてくださった葛西映子さん、素敵なデザインにまとめてくださった横関清高さんと、次々と繋がり、本が形になっていくことに感動を覚えました。

　ブログがこうして本の形になることで、インターネットとはちがった伝わり方をしていってもらえたら良いなと、心から思っています。

どこかでふとこの本を手に取った人が、小学生時代に図書館で本を手にした時のかつての私のように、子どもも人権が守られるんだということの大切さを実感してくれること。

　そして、大人になったときに、さらに次の世代の子ども達に、そのメッセージを伝えてくれること。

　それを、この本の出版にあたって、強く願っています。

2017年1月　山下　敏雅

ブログには、法律の条文や、判例、資料の引用も詳しく載せています。

興味のある人は、ぜひ、ブログにもアクセスしてみてください。

どうなってるんだろう？　子どもの法律

http://ymlaw.txt-nifty.com/

山下　敏雅（やました としまさ）

弁護士（東京弁護士会所属）　1978 年高知県南国市生まれ。千葉市育ち

過労死・過労自殺事件、労災事件／子どもの事件（児童虐待、少年非行、学校災害、未成年後見等）／脱北者支援、北朝鮮による拉致被害者問題／セクシュアルマイノリティ支援ゲイ・レズビアン（同性愛）、バイセクシュアル（両性愛）、トランスジェンダー・性同一性障害（性別違和）／ＨＩＶ陽性者支援などに取り組んでいる。

http://nagano-yamashita.com（永野・山下・平本法律事務所）
http://www.ymlaw.sakura.ne.jp/（その他経歴など）

渡辺　雅之（わたなべ まさゆき）

大東文化大学教職課程センター教授　1957 年 10 月福島県福島市生まれ

埼玉の公立中学の社会科教員として 22 年間勤務したのち、大学で教員を目指す学生たちの指導にあたっている。いじめ問題にとりくんだ実践が『3 年 B 組金八先生』でドラマ化された。ヘイトスピーチのカウンターなど路上に出る研究者でもある。専門は、道徳教育、生活指導など。

単著に『「道徳教育」のベクトルを変える』『いじめ・レイシズムを乗り越える「道徳」教育』『マイクロアグレッションを吹っ飛ばせ──やさしく学ぶ人権の話』（共に高文研）。

新版
どうなってるんだろう？

子 ど も の 法 律　～一人で悩まないで！～

■ 2017 年 4 月 1 日　初版第 1 刷発行
■ 2022 年 9 月 1 日　新版第 1 刷発行
■ 2023 年 5 月 1 日　新版第 2 刷発行

■ 編著者／山下　敏雅・渡辺　雅之
■ 発行所／株式会社 高文研
■ 東京都千代田区神田猿楽町 2 - 1 - 8　三恵ビル（〒 101 - 0064）
　　電話：03-3295-3415　　FAX：03-3295-3417
　　https://www.koubunken.co.jp/

■ 印刷・製本／三省堂印刷株式会社

■ 万一、乱丁・落丁があったときは、送料当方負担でお取りかえいたします。

ISBN978-4-87498-814-5　C0032